언택트 시대,
60대 제주 농부가
살아남는 법

허니제주

언택트 시대,
60대 제주 농부가
살아남는 법

김인순 지음

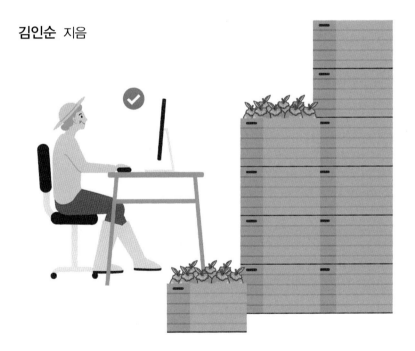

이담
Books

60대 제주 농부도 블로그로 먹고삽니다

'천국 같은 제주도에서 일만하다 죽을래'

남편 퇴직을 앞두고 한라봉하우스 2,000평을 지으며 매일 일만 하는 나를 보고 친구가 한 말이다. 퇴직을 하면 분명 돈이 모자랄 것이라고 예상이 되었다. 하우스를 임대해서 열심히 농사를 지었다.

겨울이 되어 상인한테 한라봉을 파니 어이없는 가격이다. 헛헛하다. 한여름 내내 38도 하우스 안에서 일한 대가가 이 정도라니. 이러다가는 평생 일만하다 몸만 상하고 더 나이 들면 후회할 것 같다.

그런 와중에 담낭암까지 걸렸다. 심지어 코로나라는 무서운 재앙도 불어닥치며 언택트 시대가 왔다. 이제 어떻게 할것인가? 새로운 돌파구가 필요했다.

　내게는 블로그가 첫 돌파구가 되어 주었다. 농업기술원에 가서 공무원께 상담을 했다. '정보화농업인연합회'를 소개 받고 블로그를 배우게 되었다. 이렇게 시작된 블로그로 '제주 어멍 꿀벌에게 길을 묻다'라는 다큐도 찍게 되었다. 다큐를 보고 네이버 해피빈 공감펀딩에 펀딩을 해보라는 청년이 찾아왔다. 공감펀딩에 올려서 14일 만에 5.600만원 매출을 올렸다. 작은 기적이 60대 중반인 나에게도 일어난 것이다.

　그때부터 블로그를 계속했고, 컴퓨터라면 질색하던 내가 컴퓨터와 밤마다 데이트했다. 많은 친구들을 사귀고 오프라인에서도 만났다. 요즘 같은 언택트 시대에 앞을 내다본 격이 되었다.

한때 주변에서는 체험농장을 하라고 권했지만 아직도 망설이고 있다. 시간이 농사일과 겹쳐지는 부분이 많이 때문이다. 대신 시간이 자유롭고 밤에도 편집을 할수 있는 유튜브에 도전했다. 하느님은 늘 내편이라고 생각하며 산다. 코로나 때문에 대면인 체험은 줄어들고 직거래인 택배가 유리해졌다. 블로그로 택배는 물론 유튜브로 아이들을 위한 꿀벌 키우기 동영상을 올리려고 한다. 내게 유튜브는 현재 진행형이다.

　　이제부터 시작이다 .난 유튜브로 달러를 벌어 애국하는 할머니가 되고 싶다. 상상만 해도 신이난다. 한때는 파월장병군인들과 독일에 간 간호사들이 달러를 벌어들였다. 지금은 많은 유튜브들이 달러를 벌어들이고 있다. 블로그나 유튜브를 올릴 때는 꼭 돈만 생각하지는 말자. 100세 시대에 6.70대에 해야 할 것들이 있어야한다. 치매에 안 걸리고 건강하게 살려면 무엇이든 해야 한다. 그 방법 중 하나로 인터넷에 들어가 블로그나 유튜브를 하는 것도 아주 좋다는 생각을 한다.

좋아하는 일을 하며 언택트 시대에 블로그와 유튜브를 통해 나처럼 시간적, 경제적 자유를 만끽하는 삶을 살았으면 좋겠다. 누구나 할 수 있다. 컴퓨터를 한 번도 들여다보지 못했던 65세 농사꾼도 해냈으니까.

대한민국 청정지역 제주도에서 달러를 벌어들이며 20년은 더 경제활동을 하고 싶다. 그리고 블로그와 유튜브만 있다면 그것이 망상이 아닌 현실이 된다는 것을 잘 알고 있다. 지금도 가능성을 매일 경험하고 있기 때문이다. 신께서 건강만 허락해주신다면 '김인순의허니제주'로 향후 20년을 경제적으로 사회적으로 성공하는 삶을 살 수 있을 것이다.

코로나19로 언택트 시대가 왔다. 코로나19가 진정되더라도 앞으로 이런 시대는 계속될 것이라고 많은 전문가들이 전망한다. 인터넷을 통해 이시기를 뛰어넘어야한다. 본업에서 약간 벗어나 인터넷을 배우는데 투자하고 열심히 공부해야한다. 준비하지 않으면 아무리 좋은 시대가 와도 뒤로 쳐진다.

당신이 50대 혹은 60대라면 더더욱 필요하다. 본업이 있다면 좋고. 없어도 좋다. 블로그와 유튜브가 본업을 대신 할 수 있기 때문이다. 이 책을 통해 블로그를 시작하는 방법을 배워도 좋다. 큰 기술이나 학식이 필요한것은 절대 아니다. 꾸준히 배우고 포기하지말고 하나씩 하면된다.

　　첫술에 배부를 수는 없다. 나처럼 하나씩 배우면서 꾸준히 하면 몇 개월 후에는 ,혹은 일 년 후에는 블로그, 유튜브로 본업보다 더 많은 경제적, 사회적 성공을 경험하게 될 것이다.

　　단, 멈추지 말자!

김인순의 허니제주

contents

part 1

이제는 언택트(Untact) 시대

1

일만 하다 죽을래?

한라봉 하우스에 원숭이처럼 올라간다.

남편은 공무원 퇴직 5년 전 퇴직하면 돈이 더 필요할 것 같다며 한라봉하우스 1,800평, 하우스감귤 500평을 임대했다. 간도 크지, 경험도 없으면서 무모한 도전을 하다니. 잘못되었으면 어쩔뻔 했나? 지금 생각해보면 끔찍하다.

하우스가 낡아서 보수하는데 1,000만 원이 들었고, 여기에 임대료 1,800만 원이라는 거금을 투자하고 하우스농사를 시작했다. 누가 봐도 과하게 투자했다. 그때는 자신이 있었다. 하우스를 보수하고 한라봉 나무를 전지전정하고 거름을 주었다. 농약도 열심히 쳤다.

모르는 게 있으면 수시로 이웃 하우스에 가서 물어보고 그대로 따라했다. 어떤 날은 하루 세 번이나 간 적이 있다. 태풍이 불 때는 조바심 내다가 비닐이 날아갔다. 불안한 마음에 살펴보려고 밤에도 간 적이 있다. 그러나 옆집 하우스 주인이 하는 말, 태풍이 불 때는 일부러 밭에 오지 않는단다. 비닐이 날아가는 것을 보고 붙잡으려다 비닐과 같이 날아가 버리면 큰 부상을 입는다고 했다. 차라리 미리 꽁꽁 잘 정비하고 태풍이 불면 집안에서 '티브이'로 일기예보를 보는 게 안전하단다.

뜨거운 여름 38도가 넘는 하우스 안에서 한라봉 매달기 작업을 한다. 잡초 제거도 하고 열매솎기도 한다. 가을이 오면 한라봉이 노릇노릇 물들어간다. 감개무량이다.

눈이 오기 시작하면 일 년 동안 애써 가꾼 한라봉을 따서 명절선물용으로 팔고 직접 택배도 발송한다. 돈은 생각보다 많이 들어왔다. 어깨가 으쓱해졌다. 친구들과 놀러 가면 '그래 내가 일 년 동안 애썼으니 이만큼은 써도 될 거야.'라는 생각에 비싼 것들을 사들이고 맛있는 거 사먹으며 돈을 써댄다.

다른 사람들도 그랬으니까.

딱 여기까지 나의 일 년을 돌아보며 정리를 해보니 돈은 들고 나가는 액수는 많았다. 하지만 인건비, 임대료, 비료 농약값, 하우스 보수비를 제외하니 이익이 별로다. 뭐지? 그 고생을 하며 애쓴 일이, 하루에도 두 번씩 하우스로 출퇴근하며 벌어들인 돈이 겨우 이거야? 무엇인가 잘못되고 있었다. 남이 보면 많이 버는 것 같은데 정작 가정경제는 나아지지 않았다.

하우스계약은 5년이다. 걱정이다. 5년 동안 이런 일을 반복해야 한다. 계약은 계약이니까. 일 년, 이 년, 삼 년. 몸은 지쳐갔다. 어떻게 5년을 견디지? 할 수 없는 일이다. 오 년째 되는 해 기어코 일이 벌어졌다.

하우스 안에서 농약을 치면 안개처럼 자욱하게 남는다. 내가 일을 할 때는 귀찮으면 그냥 작업했고, 장화에 농약물이 들어가도 그대로 일했다. 남편이 일을 할 수 없어서 혼자 해내려다보니 마스크를 잘 쓰고 장화를 갈아 신고 방제복 바지를 입는 시간도 부족했다. 빨리 해치우려고 하는 게 습관이 되어 버렸다.

가끔씩 너무 지치고, 어떤 날은 일하다 드러눕기도 했다. 친구가 과수원에 놀러 와서 드러누운 나를 보고 말했다.

"너 일만 하다 죽을래?"
"정신 차려."
"아무도 알아주지 않아."
"그냥 있는 것으로 살아. 그래도 죽지 않아."

친구는 커피도 채 한 잔 마시지 않고 화가 나서 어깨만 툭툭 치고 가버렸다.

이건 아니지 싶었다. 결국엔 병원행이었다. 차를 타고 병원으로 가는 길에도 도저히 못 참고 길가 아스팔트에 드러누워 버렸다. 아무리 정신을 차리고 통증을 견디려고 해도 몸속 깊은 곳이 쥐어짜내듯 막무가내로 아파왔다. 남편이 아니었으면 길에서 죽었을지도 모르겠다.

일만 열심히 해도 안 되는 것이 많다. 차분하게 차곡차곡 해야 하는 일을 혼자 하다 보니 무지막지하게 일에 덤벼들 듯이 해내고 있었던 것이다. 갑자기 정신이 확 들었다.

'이러다 죽으면 이 복잡하게 돌아가는 집안을 어떻게 수습하나? 어느 정도 정리는 하며 살아야겠구나. 농사도 가계도 단락을 만들어 정리해야지. 남은 식구들 걱정도 해야지….'

'하우스 임대를 연장하지 말자. 5년 임대기간이 끝나면 그만 두어야지 조금 아껴 쓰고 다른 방법으로 보충하면 되겠지.'

그 후로 만 5년이 되는 해 깨끗이 하우스 임대했던 것을 넘겨버렸다. 남편이 퇴직하면 같이 의논하면서 이어가기로 하고 힘들었던 한라봉 하우스 농사를 접었다. 하늘을 나는 것 같았다. 이미 무리한 농사일은 나의 몸을 나도 모르게 갉아먹고 있었지만, 그래도 신이 나를 궁휼히 여기시어 몸의 이상 징후를 심한 통증으로 알려주었다.

2

인터넷과 친해지다

길바닥에 쓰러져 죽을 뻔한 후로 인터넷과 친해졌다.

60대 중반을 넘어가는 나이. 직장생활도 한번 안 해 본 컴맹 농사꾼이 인터넷이랑 제대로 사귀어보자 작심을 했다. 블로그를 시작하고 페이스북도 시작했다. 내용은 모른다. 그냥 사진 찍고 올리고 글도 썼다. 사진을 못 올릴 때는 글만 쓰기도 했다. 어찌 블로그가 사진도 없이 글만 쓴다는 게 말이 되냐고 의아해할 수 있다. 그런데 말이된다. 서먹한 인터넷과 친해지려면 매일매일 만나는 수밖에 없다. 매일 만나서 써대는데 누가 안 친해지고 배기겠나.

뉴스도 인터넷 여기저기를 돌아다니면서 본다. 종이신문이 다 인줄 알았는데 컴퓨터 덕분에 뉴스의 다양함이 눈에 들어왔다. 또한 TV에서 보는 뉴스는 다음 것을 보기 위해 보고 싶지 않은 뉴스도 보고 광고도 봐야 하지만, 인터넷으로 볼 때는 보고 싶은 것만 골라서 볼 수 있으니 좋았다. 이제는 뉴스를 유튜브로 더 오래 보게 되었다.

쇼핑도 해보았다. 처음엔 여기 눌러라 저기 눌러라 들어와라 하는 게 복잡하고 어려웠지만 이제는 돈이 없어서 못 하지 얼마든지 물건을 살 수 있다. 그러나 단 한 가지, 카드로는 절대로 사지 않는다. 인터넷 속에 내 정보가 다 들어 있는 게 무섭기도 하고 '이건 뭐야. 나보다 인터넷이 나를 더 잘 알고 있는 거 아니야?' 하는 생각이 들어 불안하고 무섭다. 그래서 나는 무통장입금으로 쇼핑을 한다.

앞으로 인터넷은 어떻게 변할까? 상상하기도 어려울 정도로 변할 것이다. 하기 싫어도 귀찮아도 반드시 인터넷과 친해져야 한다.

새로운 수입원에 대한 공부도 시작했다. 일반적으로 월급은 아주 중요한 수입원이다. 대다수의 국민들이 월급으로 생활을 하고 있다. 그러나 요즘 젊은이들은 월급을 받고 일 년을 지내면 남는 게 없다. 부모가 보태거나 물려주지 않으면 이십 년을 벌어도 그대로이다. 농사도 땅 천 평에서 벌어들이는 수입은 일정하다. 약간의 차이는 있지만 일정한 범위에서 크게 벗어나지 않는 액수다. 많이 벌고 싶다고 해서 배가 넘게 벌어들여지지는 않는다.

그래서 나는 유통에 관심을 갖고 공부한다. 유통은 매우 어렵고 복잡하며 기반을 다지기 힘들지만 어느 지점에 도달하면 월급이 된다. 한정된 땅에서 나오는 수입보다 많을 수도 있겠다는 생각이 들었다.

그때부터 더욱 인터넷에 매달리고 마케팅에 시간을 투자하기 시작했다. 블로그, 인스타그램, 유튜브, 스마트스토어, 밴드, 카카오채널까지. 지금 운영하고 있는 인터넷상의 채널들이다. 유통은 중요하지만 적극적으로 다양한 유통 통로를 만들어 내가 생산하는 것을 판매하는 것이 아주 중요하다는 것을 알았다.

하나 더, 남의 제품을 팔았을 때는 제품 값을 갚고 나면 통장이 휑 하니 비어버린다. 내가 지은 농산물을 팔았을 때는 통장에 잔고가 그대로 남아있다. 물론 직접 농사를 지으려면 힘도 들고 자본도 든다. 인건비도 들어간다. 그렇지만 온전한 내 수입이기에 더 부자가 된 느낌이다.

이처럼 몇 년 동안 경험한 바에 의하면 전문적인 유통업자가 아닌 다음에는 내가 지은 농산물을 직접 유통하는 게 제일 안전했다. 건강한 농산물을 생산해서 소비자와 사귀며 건강한 먹거리를 전할 수 있다는 점도 보람차다. 정말 애써 지은 건강한 농산물을 블로그 이웃들에게 직접 보낼 때는 행복하다.

하면 된다. 내 나이 또래들도 하면 된다. 내가 하면 모든 사람들이 할 수 있다. 60대 중반을 넘어선 컴맹 농사꾼도 해냈다. 100세 시대, 나만 해도 앞으로도 20년을 경제생활을 해야 하는데 지금이라도 새로운 시작을 하기엔 늦지 않은 시기이다. 인터넷은 무궁무진하게 할 것들이 많다.

그렇다고 하는 일 접어두고 하라는 소리는 아니다. 틈틈이 시간 날때마다, 아니면 시간을 정해놓고 어떤 종류든 꾸준히 하는 것이 중요하다. 3년이면 길이 트이지 않을까 싶다. 경험 상 자신만의 콘텐츠를 만들어 키우려면 3년을 지속해야 안심하고 유통으로 접어들어도 된다고 생각한다. 섣부르게 무조건 돈 된다는 말만 믿고 덤벼들면 실망할 수도 있을 테니까.

특히 요즘은 너무 혹한 유튜브썸네일이나 블로그 제목들이 많아서 가끔 지루하기도 하다. 제발 과장된 썸네일이나 제목으로 처음 시작하는 사람들에게 실망을 주지 말았으면 하는 바람이 있다.

도움이 필요한 분과도 얼마든지 같이 성장하기를 바란다. 인터넷을 시작했을 뿐인데 내 삶은 이전과는 무척 달라졌다. 모두들 인터넷과 친해져서 꿈을 가지고 신나게 살아가기를 바란다.

<u>3</u>

사람이 사람을 만나면
안 되는 세상

"언니 내 집에 오지 마!"

두 달 동안 외출을 못 하니 답답했다. 친한 동생네로 찾아갔더니
집안에 들어오지 말라고 한다. 나는 주춤거리며 말한다.

"나 아무 데도 안 다녔어."

언니가 아니고 자기가 오늘 회의 보러 갔다 왔으니 조심해야 한
단다. 언니가 혹시라도 옮을까봐서 들어오지 말란다. 나를 생각하는
건 좋은데 섭섭했다. 마스크 쓰고 멀리 앉았다. 이쯤에서 얘기해야지.

"답답해서 나왔어. 우울증이 올 것 같아."

손에 힘을 주어 채소를 쓰윽 동생 앞쪽으로 밀어 넣는다. 30분정도 수다를 떨고 섭섭한 마음도 달래고 집으로 왔다.

연일 방송으로 코로나가 확산되고 있으며, 방역에 힘쓴다고 시시각각 보도한다. 한두 달이면 잠잠해질 거라는 예상과는 달리 여전히 사회는 어수선하다.

한 달은 그런대로 괜찮았다. 모임도 코로나를 핑계로 안 나가도 되고 상조회비도 절약이 되는 것 같았다. 여기저기 불려 다니다 농사일에 매달리니 꿀벌농사나 감귤농사도 빠르게 정리 되었다. 그나마 위로를 받는 것 중의 하나다. 집안정리도 하고 밀린 빨래도 한다. 심고 싶었던 꽃도 심고 마당 앞에 있는 나무들도 단정하게 잘라주었다.

그러나 강사들은 수입이 없어졌다. 기술센터에서 진행하는 sns교육이나 농업교육을 비롯해 각종 교육이 취소되었기 때문이다.

아이들이 학교도 못 가게 되고 유치원 아이들도 밖으로 못 나다니고 있다. 아이들이 집안에서 지내니 당장 밥하고 아이들 챙겨야 하는 엄마들이 비상이다. 아침은 바빠서 대충 먹이고 점심은 학교에서 먹고 더러는 군것질하고 학원으로 곧장 가니 엄마들이 돈 벌러 나가도 지장이 없었다. 그러나 지금은 상황이 급박하게 돌아간다. 집에서 아침, 점심, 저녁을 다 먹여야 하고 간식도 챙겨주어야 한다.

시장 보는 일도 불안하다. 마스크를 꼼꼼하게 착용해 눈만 겨우 내놓고 마트에 간다. 생각해보니 집에서 인터넷으로 주문하면 코로나로부터 안심이 될 것 같아서 택배로 주문한다. 과수원 옆에 있는 택배집하장은 밤을 새우며 택배물건들을 분류한다. 새벽부터 차량들이 몰려와서 실어 나른다. 자연히 쓰레기 분리수거장은 종이 박스, 스티로폼 박스. 완충제, 비닐봉지로 넘쳐난다. 이러다 제주도가 또 쓰레기 대란이 일어나는 건 아닌지 불안하다.

저녁 술자리가 줄었다. 저녁외식도 거의 없다. 남편들이 일찍 들어오자 아내들은 좋아했다. 일찍 들어와라 술 마시지 마라 잔소리해도 기어코 술 마시고 늦게 들어와서 속 썩이더니 알아서 퇴근하면 곧장 집으로 직행이다.

좋아지는 사람이 있으면 손해 보는 사람이 있기 마련이다. 식당은 매출이 떨어진다고 난리다. 요식업이나, 카페, 단란주점에서는 임대료를 못 낸다고 안절부절이다. 나라에서는 지원금을 주어야한다라, 국회의원들은 지원금을 주면 의지하게 되니 주지 말아야 한다느니, 아니다 어려울 때 쓰려고 거둔 세금이니 주어야 된다느니 다투더니 결국은 지원금을 국민들에게 나누어 주었다.

어찌 우리가 낸 세금으로 우리가 어려울 때 아주 조금 받아쓰는 게 이렇게 다투어야 되는 일인가. 씁쓸하다. 뉴스를 점점 안 보게 된다. 은근히 화가 나기 때문이다. 유튜브로 뉴스를 봐도 더 화가 난다. 뉴스를 안 보고 살았으면 좋겠다. 어찌 똑같은 일을 이렇게 텔레비전과 유튜브에서는 다르게 보도하는지…. 소설 같은 뉴스를 더는 보기 싫다.

가까운 일본은 올림픽을 연기한다고 하고, 미국은 흑인이나 저소득층이 코로나에 더 많이 걸린다고 보도한다. 키도 크고 육중한 체격을 가진 사람들이 사는 유럽에서도 우리나라보다 코로나가 더 전파된다고 한다. 그들은 마스크를 잘 쓰지 않는단다. 마스크를 쓰는 게 그렇게 자존심 상하는 일인가 생각해본다.

한 블로그 이웃은 여름 성수기를 대비해서 민박사업을 더 확장했다. 한 군데에서 세 군데로 늘렸다. 예쁘게 꾸미고 여름 성수기를 대비해 짚으로 짜인 뽀소송한 소품들도 들여놓았다. 이제 손님만 오면 되도록 완벽하게 준비했다. 블로그와 인스타그램으로 홍보를 해서 공실 없이 꽉 찼다. 수고한 보람이 왔다고 은근히 자랑했다.

그러나 이틀 후에 예약손님이 취소했다고 한다. 한둘이야 어쩌겠니. 그러려니 해야지. 온도가 높아지면 코로나는 주춤거린다고 하니

별일 없을 거야. 일주일만 기다리라고 달래주었다.

그러나 여행은 무서워서 못 간다며 예약이 줄줄이 취소되고 비행기도 10여 명만 덜렁 태우고 다니기도 한다. 렌터카 업체, 식당, 관광지마다 사람이 없어 한적하다. 공상영화 화면 속으로 들어가는 것 같다. 정말 이러다 큰일 나는 거 아닌가 싶을 정도다.

이런 생활이 일 년 이상 지속되면 사회는 상상 못 하게 변할 수도 있겠다는 두려움이 든다. 정말 그렇게 길게 지속될까? 학자들은 그이상이 될 거라고 발표를 하고 대다수의 사람들은 '설마 그렇게 오래도록 코로나에 시달리기야 하겠어?' 하며 조금만 더 참아보자 하며 지내고 있다.

학교 수업은 온라인으로 대체하고 학생이나 선생님들이나 인터넷 강의를 듣고 가르치는 것을 배우려고 애를 쓴다. 스스로 열심히 공부하는 아이들은 차분하게 집중하는 모습이 대견하고, 좀 산만한 아이들은 성적이 뒤로 쳐질까 안쓰럽다. 하지만 걱정은 금물이다. 이 시대가 지나가다보면 어떤 세상이 펼쳐질지 모른다. 앞을 내다보고 준비하면 더 좋은 세상이 올 거라고 확신한다.

난 그 방법들을 나름대로 알고 있고 배우고 실행하고 있다. 7년

전에 배우기 시작한 블로그와 sns로 코로나시대에 잘 대처해 나가고
있다. 지금은 유튜브에도 도전하고 있다. 어렵지만 꾸준히만 하면 내
가정의 경제에 큰 도움이 되리라고 확신한다.

4

언택트(Untact) 시대에
살아남는 법

코로나 바이러스의 유행으로 많은 것들이 변했고 이전의 생활과
는 다르게 살아가고 있다. 설령 코로나 확산이 덜 진행되어 안정기에
접어든다고 해도 이미 건너온 강은 다시 되돌아 갈 수 없다.

줌으로 강의를 보고 들으며, 핸드폰으로 물건을 사고 판다. 전보
다 디지털 매체에 대한 의존이 높아졌다. 그러므로 시대를 같이 따라
가야지 나만 가만히 있으면 안 된다.

페이스북 친구 중 하나는 서울에서 조그마한 식당을 한다. 하루에
서너 번씩 짧은 글이 사진과 함께 올라온다. '손님이 오징어숙회를 시
켜서 이렇게 만들어서 팔았어요.', '오늘은 손님이 없어서 '알타리김
치'를 만들었어요.', '참외장아찌를 만들었어요.' 음식에 대한 이야기

가 대부분이지만 정치 이야기도 가끔씩 올라온다. 친구들은 맛있겠다며 반응을 보이고 정치성향이 같으면 그의 글에 맞장구도 쳐준다.

한번은 코로나로 손님이 없어 속상하다며 하소연하는 글이 올라왔다. 김치를 팔라고 하고 참외장아찌를 팔라고 했다. 처음엔 찾아온 손님에게 팔 것을 준비했다. 점점 주문자가 늘자 김치를 팔고 여러 종류의 장아찌들을 팔기 시작했다.

그러다 몸도 아프고 장사도 안 되서 귀농을 하고 채소를 직접 길러 김치장사를 준비한다는 글이 페이스북에 올라왔다. 친구들은 서로 오라고 난리였다. 지금은 이 친구는 서서히 귀농할 준비를 하고 있다. 장소도 정했다. 얼굴이 환해졌다.

제주도 서귀포의 바당물회 식당 사장님도 페이스북을 한다. 어느 날 뇌경색이 와서 수술을 하고 한 달을 병원에 있다 퇴원했다고 한다. 이때 사장님은 매일 sns에 투병기를 올렸다. '형님 힘내세요'부터 '자네 몸조심하게'까지 서로에게 건네는 따뜻한 응원 글이 달렸다.

가까운 곳이니 만나 뵙고 싶었다. 결국엔 친구랑 점심을 먹으러 갔다. 도착한 식당에는 이미 많은 사람들이 응원차 오가고 있었다. 그뿐만 아니라 반찬이 너무 맛있고 양도 푸짐해서 왜 이 식당에 손님이 많았는지 알 수 있었다. 그 후로는 나도 손님이 찾아오면 이 식당에 모시고 간다.

결국 인터넷 세상에서는 진실된 소통과 한 가지 전문적인 나만의 분야가 있는 것이 중요하다. 농사도 좋고, 취미도 좋다. 어려운 인터넷 용어들은 다 알 수도 없고 다 알 필요도 없다. 지금 나에게 맞는 것을 골라 열심히 익히면 된다. 다만 내가 좋아하거나 할 수 있는 전문적인 일은 있어야 하겠다. 없으면 지금부터 시작해도 할 수 있다. 우리는 계속 이렇게 살아야 하니까.

지금 인터넷에는 운영할 수 있는 채널들이 많다. 내가 아는 것만 해도 블로그, 페이스북, 인스타그램, 밴드, 카페, 카카오채널, 카카오스토리 등등이 있다. 그중에 자신에게 맞고 할 수 있는 것을 골라 열심히 하면 된다. 처음부터 잘하는 사람은 아무도 없다. 하루하루 하다 보면 글이 쌓이게 되고 이웃들이 생긴다. 이웃과 서로 소통하며 도움을 주고받기도 한다. 사신의 하는 일을 홍보할 수 있고 판매로까지 이어진다.

그중에서 블로그와 인스타그램을 우선 권하고 싶다. 페이스북까지 할 수 있으면 더욱 좋다. 블로그로 인터넷 안에서 자신의 신용을 지키고 인스타그램으로 스스로를 알린다. 페이스북도 블로그에 있는 글들을 공유하면 블로그에 들어와서 나를 알리는 데 도움이 된다. 앞에서 말한 식당 사장님들처럼 페이스북 하나로 승부를 거는 사람도 많다. 처음엔 페이스북으로 무엇을 하겠다는 목표가 뚜렷하지 않았지만 열심히 하다 보니 페이스북으로 먹고살 수 있게 된 경우도 있다.

덧붙여 말하자면 블로그를 키우는 것은 꽤나 해볼 만하다. 나는 블로그로 인생의 전환점을 맞았다. 하지만 블로그는 페이스북보다는 조금 더 힘이 든다. 사진이랑 글도 많이 써야 한다. 대신 힘이 드는 만큼 효과는 페이스북보다 아주 크다. 한번 올라간 글은 인터넷에서 사라지지 않는다. 누군가가 찾으면 10년 전 글도 올라온다. 한번 효과를 보기 시작하면 그만둘 수 없는 게 블로그다. 블로그로 책도 내고 사업도 성공시킨다.

또 하나 팁을 주자면, 인터넷에서는 얼마나 나의 일상을 솔직하게 감성으로 풀어 가는지가 중요하다. 그러기 위해서는 책도 읽고 먼저 올린 사람들의 글을 읽고 따라하는 것이 좋다.

나는 책을 많이 읽는다. 내가 쓴 글의 80%는 책을 읽고 길을 찾아 작성되었다. 여기에 나만의 감성을 담아 글로 표현하려고 노력했다. 이것들을 깨우고 글로 쓰기 위해서는 때로는 조용한 시간을 보내며 생각에 잠기는 것이 좋다. 나는 만 보 걷기를 하며 생각을 하고 다듬는다. 건강도 챙기고 생각을 글로 승화시킬 수도 있으니 내게는 꼭 필요한 걸음들이다.

미루지 말자. 이제부터 시작해도 충분하다. 지금껏 채널 관리를 하다가 말다가를 반복했다면 계속 열심히 하면 된다. 진실한 마음을 밑바탕에 두고 열심히 하면 안 될 게 없다고 생각한다.

허니제주가 운영하는 페이스북, 인스타그램, 밴드, 카카오채널 페이지.
"지금 인터넷에는 운영할 수 있는 채널들이 많다. 내가 아는 것만 해도 블로그, 페이스북,
인스타그램, 밴드, 카페, 카카오채널, 카카오스토리 등등이 있다."

5

당신의 취미는
무엇인가?

나는 농사꾼이다.

농사를 지으면서 할 수 있는 부업을 가지려고 한다. 농사와 관련된 일이든 농사와 관련이 없는 일이든 상관없다. 우리집에는 많은 친구들이 오고 간다. 친구들과 함께 취미를 가지거나 처녀 때 했던 일들을 다시 떠올려보기도 한다. 서로 자신의 취미를 이야기하기도 한다.

지연 언니는 처녀 적에 수를 놓았다. 15년을 서울에서 수로 먹고 살았고 제주에 와서 결혼을 하고 감귤농사를 짓고 있다. 언니에게 우리 야생화 수놓는 법 가르쳐 달라는 부탁을 했다. 언니는 "그러마." 하고 약속했다. 어려운 수는 저리 가라. 즐거운 수놓기였다. 수를 놓다보니 야생화 한 송이로 감귤농사와 이어지는 체험을 했으면 좋겠다고 자주 이야기를 했다.

세영이는 그림을 그렸었다. 나는 그림을 계속 그리라고 부추긴다. 요즘은 캘리그래피 교육을 받고 있다. 그림에 소질이 있으니 캘리그래피도 곧잘 세련되게 그려낸다. 글씨에서 전문가다운 폼이 나온다. 한라봉 농사를 짓고 있는 세영이에게 한라봉하우스 옆으로 쪼르르 캘리그래피와 함께 그림도 그려 걸면 좋겠다고 했다. 간단하게 좋은 글귀도 써서 농장으로 들어가는 입구에 걸어놓으라고 의견을 건네본다. 내가 만드는 '허니제주 꿀'을 판매할 때는 상품의 종류와 가격을 적어달라고 하니 아주 '고급지게' 써왔다.

네 자매네 과수원은 그림을 늘 그리고 싶어 했다. 소녀적 꿈이었다고 한다. 그녀는 60이 되는 해 남편한테 선언했다. '이 후부터는 일을 줄이고 그림을 그릴 거야. 이러다 어느 날 죽음이 온다면 난 너무 억울할 거야.'라고. 일을 줄이고 그림을 그리기 시작했다. 감귤나무를 열 그루 베어내디니 2년을 꽃과 같이 지냈다. 내가 아침마다 만 보 걷기를 가는 과수원길이기도 하다. 2년 동안 과수원길 옆에다 꽃을 가꾸었고 이어서 옆 과수원에도 꽃을 심었다. 마침내 꽃길이 됐다. 다른 데를 걸어보려 해도 철마다 꽃이 피는 과수원 길을 두고 다른 곳으로는 갈수가 없다. 나도 덩달아 집주위에, 앞마당에 꽃을 심기 시작했다.

이제는 아무런 연고가 없는 사람들도 꽃이 예쁘다고 과수원으로 들어온다. 시간이 넉넉할 때는 차도 같이 마신다. 네 자매네 과수원은 아마 내년이면 손님들로 바쁘게 생겼다. 이 아름다운 곳에서는 무엇을 해도 되겠다. 카페를 해도 되고 그림을 그리는 장소로 빌려도 손색이 없다. 화실로 쓰는 창고 안에서 문만 열고 나가기만 하면 지천이 그림 소재이다. 2년을 그림을 그리고 땡볕에 땀 줄줄 흘리며 꽃과 씨름하더니 벌써 성공했다. 사람들이 오면 농산물은 덤으로 팔 수 있다. 좋아하는 그림을 그리며 꽃을 가꾸며 돈도 들어오니 신나는 일이다.

영진이는 칠보공예를 잘한다. 만드는 데 필요한 기구까지 다 가지고 있다고 했다. 나도 배우고 싶다고 했다. 농사일이 한가해질 때면 서로의 재능을 한데 모아 체험카페를 해도 좋겠다. 아니면 자연을 벗 삼아 감귤농장에서 체험을 해도 좋겠다. 이렇듯 직업 외에 부업을 하든 취미생활을 하든 한 가지 전문적인 것을 가지고 있으면 좋다. 나는 그게 없어서 안타까울 때가 많다. 이제 시를 쓰고 책을 내면 좀 생각이 바뀔 수도 있겠다는 생각에 행복하다.

한 친구는 젊었을 때 금은방을 했었다. 금반지도 만들고 은반지도 잘 만들었지만 세상이 변하며 수입이 팍 줄어들어서 감귤농사를 짓고 있다. 이 친구는 블로그와 sns를 아주 잘하고 마케팅도 남다르다. 작년부터는 집으로 가는 길가에 수국을 심기 시작했다. 남들은 과수원 일이나 하지 길가에 웬 '수국을 심나' 했겠지만 묵묵히 수국 길을 만들기를 1년, 벌써 푸릇푸릇 수국길이 되어가고 있다. 여름이 오면 환한 수국꽃길 포토존이 될 것이다.

내년에는 과수원집에다 카페를 차리고 커플링 만드는 체험도 같이 하려고 한다. 꿈과 계획을 가지고 수국 길을 직접 만드는 일에 온 힘을 기울이는 노력을 사람들은 알까. 일 년이 지나서야 겨우 그 결과를 알고 놀라워 할 뿐이다.

제주에는 '우영팟'이라고 부르는 텃밭에서 채소를 키우고 수확해서 먹는다. 많이 나올 때는 서로 나눔도 하고 장아찌도 담근다.

텃밭농사를 잘 짓는 친구가 있다. 과수원 옆이나 아파트옥상이나 농약 한번 치지 않고 텃밭채소를 기가 막히게 잘 짓는다. 남편도 합세해서 힘든 일은 도와준다. 요즘처럼 비대면 시대에는 나도 도시텃밭으로도 관심을 기울여본다. 텃밭을 가꾸고 집밥을 해먹어야 하는 시대가 온다고 가정하면 할 일이 많다. 채소 모종을 싹 틔우고 흙과 거름, 작물을 심을 화분까지 도시 아파트 사람들에게 전해도 좋겠다.

앞으로는 채소가 공장에서 나오는 시대가 곧 올 것이다. 이미 시작되고 있다. 그러나 나는 의문이다. 햇빛도 안 보고 바람도 맞아보지 못한 연하디 연한 채소가 우리 몸에 얼마나 도움이 될까? 일 년 사철 채소가 공장에서 공산품처럼 나온다면 맛은 어떨까. 사이다나 콜라처럼 일정한 맛을 낼까? 아니면 영양제를 주입하는 등 기술력을 높여, 고영양의 채소를 수확할까? 이런 시대가 온다면 아이들은 상추가 공장에서 나오는 건지 땅에서 나오는 건지 모르는 애들이 많아지겠다.

농사꾼이 할 일이 많다. 아이들 먹거리부터 어릴 때 입맛을 들여놓지 않으면 십 년 후에는 우리 몸에 어떤 새로운 병들이 생겨날지 상상만으로도 겁이 날 정도다. 집집마다 채소키트가 생겨서 몇 가지 키우기 쉬운 채소만이라도 아이들과 가꾸며 먹는 집이 늘어나기를 바란다. 이런 일들을 우리부터 솔선수범했으면 좋겠다.

부업이든 취미든 나이와 상관없이 꼭 한 가지씩 하면 지금의 직업과 병행하든 새로운 직업으로 바꾸어 가든 가정에 큰 도움이 되리라고 확신한다. 남편한테도 덧없이 지내는 시간을 줄이고 취미생활을 해보라고 권하고 있다. 남자들은 어떤 취미를 좋아할까? 남편이 퇴직하고 나서는 둘이서 돌 공예를 배우러 다닌 적이 있다. 컴퓨샤도 구입하고 각종 기구도 많이 준비했지만 아쉽게도 3년을 하다가 꿀벌 농사에 치여서 그만두었다. 이제 다시 시작하려고 하니 힘이 부친다.

돌 공예는 쉽지 않은 취미였다. 넓은 장소도 필요하고 소음도 옆집에 방해가 되었다. 돌공예는 접었다.

지금은 어떤 취미를 가지면 둘이서 재미있게 할 수 있을지 고민 중이다. 젊어서 했더라면 이제는 전문가가 되었을 텐데 이제야 찾으려니 취미를 고르는 것마저 어렵다. 힘도 덜 들고 돈도 많이 안 들고 사람들과 사귀면서 할 수 있는 것들을 찾아본다.

이왕 꿀벌농사를 짓고 있으니 밀랍초를 더 깊이 배워볼까 생각하기도 한다. 조금씩 시행착오를 겪으며 밀랍초를 만들어 보고 있는데 역시 시간이 없어서 꾸준히 지속하지는 못하고 있다. 앞으로 조금씩 밀랍초를 만들어 성당에서 기도하는 친구에게 한 자루씩 선물을 하면 어떨까? 밀랍양초가 건강에 좋다고 하니 틈틈이 만들어 두었다가 기도를 많이 하는 친구에게 크리스마스 선물을 해야겠다.

확실한 긴 이 모든 일들이 결국에는 블로그와 sns를 같이 배우며 나가야 한다는 것이다. 돈으로 이어지든 보람을 얻든 서로 정보를 공유하든 내가 하는 취미에 시너지 효과를 내기 위해선 반드시 인터넷과 같이 병행해야 하겠다.

나만 안다

과수원 모퉁이는 나만 아는 아지트
블로그 검색하다 시 한 줄 적어보다
급하면 귤나무 아래 엉덩일 들이민다

개울물 소리 홀리다 문득 바라본 밤
빛나는 별무리들 창문엔 황금빛 귤
그 밤에 반하고 나서 내통의 밤은 늘어간다

part 2

제주토박이에서 국경 없는 상인으로

1

나는 제주토박이다

나는 열여섯부터 아버지와 오라버니를 대신해서 들로 산으로 소들을 먹이러 다니는 단발머리 쇠테우리[1]였다. 어머니의 지독한 남아선호사상이 주는 피해는 내가 고스란히 다 받았다.

오라버니는 큰아들이라고 서귀포에서 제주시로 고등학교 때부터 유학 아닌 유학을 갔다. 교통이 불편할 때라 방을 얻고 자취하며 일요일에만 집에 왔다. 오라버니가 집에 오는 날이면 어머니는 일은 안 시키고 맛있는 것을 해 먹이려고 애썼다. 몸이 약하니 집에 올 때만이라도 영양보충을 해주어야 한다나.

아버지는 한량이셨다. 바깥 활동을 열심히 하셔서 밖으로 나다니

---

1) '소, 목동'을 가르키는 제주어.

는 시간이 많았다. 육지로 장사도 다녔지만 어머니만큼 일을 열심히 하지 않으셨다. 아버지는 그 옛날 고등학교를 졸업하셨고 어머니는 한글도 못 깨우치셨다. 그 벌어진 배움의 차이를 어머니는 일로 헌신하셨다.

큰딸인 나는 여자가 해야 할 일 남자가 해야 할 일을 다 했다. 동생들을 돌보는 일, 밭일, 집안일을 다 했다. 어머니는 죽어라고 밭일만 하셨다. 나보다 열다섯 살이나 차이가 나는 동생이 태어나는 날에는 어머니의 피 옷까지 내가 빨았고, 갓난쟁이 동생은 내 등허리에서 키워졌다.

하! 울고 싶다.

보리농사를 지을 때는 달밤에 망태기에 담은 거름이랑 섞인 보리 씨앗을 남자인부들이 저 나르면 어머니와 나는 달빛에 의지해서 곳곳에 골채로 날랐다. 여름철에는 작은어머니네 콩밭에 검질 매러 어머니랑 갈 때도 많았다. 초등학교 4학년부터 어른들이랑 똑같이 일하러 다녔다. 해안가 콩밭을 매러 가는 날이면 설레기도 했었다. 낮에 더울 때는 바닷가에서 고메기를 잡고 헤엄도 치면서 즐기기도 했으니까.

지금도 새봄이 오면 냇가에 빨래를 한짐을 지고 솥까지 총출동해서 냇가에서 나뭇가지로 동생들 내복을 삶아서 빨래를 한 기억이 난다. 겨우내 사용하던 이불빨래도 새봄이 오면 삶아서 빨고 뽀소송하게 말리고 반듯하게 정리해서 올 때의 산뜻함이란 잊을 수가 없다.

이렇게 난 어린 시절과 청소년기를 집안일에 치이며 살았다.

어른이 된 후론 어릴 때처럼 혹독하게 일을 하지는 않았다. 단지 한라봉하우스농사 지을 때만 실패할까봐 온 신경을 세우고 일을 했다.

어머니는 어디로 나다니는 것을 마다하셨다.

그 대신 어머니가 해야 할 일을 대신 내가 다했다. 아버지가 갑자기 황달이 와서 간이 아주 심각하게 굳어져갔다. 제주도에 있는 병원을 다 돌아다녀도 서울로 가라고 했다. 다른 집 같으면 아내인 어머니가 아버지를 모시고 서울병원에 다녀오지만 오빠는 공부하느라고 못가고 내가 그 어린 나이에 서울 성모병원에 모시고 다녀온 적도 있었다. 정말 '서울'에 '서'자도 모르고 초행길이라 두렵고 무서웠다. 더구나 아픈 아버지를 모시고 다니는 길이니 정말 차를 한 번 갈아탈 때마다 길을 잃을까봐 무서웠다. 그래도 아버지가 불안해 하실까봐 괜찮은 척 안 무서운 척 했다.

검사 받을 때도 또 무서웠다. 몰래 화장실에서 울었다. 어린 제주
도 촌아이가 감당하기에는 너무나 벅차는 일이었다. 다행히 아버지
랑 일주일을 서울병원에서 지내고 왔지만 이런 일로 비행기를 난생
처음 타보다니 얼마나 슬픈 일이었나. 이런 집안일들로 스스로 해결
하려는 힘이 나도 모르게 쌓이기 시작했다.

가끔은 어머니가 원망스럽기도 했지만 미안하다는 말밖에 할 말
이 없다고 하니 이 아픈 가슴을 누가 위로해줄까. 울음, 실컷 울고 한
바탕 상처 난 가슴에 소금을 뿌리듯 한바탕 실컷 울고 나면 원망도
축 갈앉아버린다.

반복은 나를 튼튼하게 만들었다. 이제 부모님은 다 돌아가셨고
원망할 상대도 없다. 글로나 써서 눈물 흘리며 하나씩 버리며 치유할
수밖에. 나는 이렇게 아프게 슬프게 자란 제주도 토박이다.

어머니

눈물콧물 목으로 넘긴 여든여섯 살, 말도 안 돼

선수들 탁구 하듯 휙 날려 버리시다니

맞지 예, 말도 안 되지 예
이건 반칙이패양*?

두 가슴 껴안은 채 십 분은 지났을까

물리던 젖 거두고 홀홀 떠나셨으니

꿈에서 몸부림쳐본다
이럴 수도 있다니

※ '이건 반칙이지요' 의 제주어

어머니 2

나뭇등걸에 쌓인 눈을 소매로 휙휙 걷어내고
따뜻한 대추생강차 제주祭酒 올리듯 올리고
춤추듯
미당未堂의 〈학〉을 부르자
하늘 가시는 어머니

사십구재 지냈으니 좋은 곳에 가셨지요
남들에게 하듯이
'사랑합니다'
'행복하세요'
꼭 인고
한번만이라도 말해야 했을 말

2

그냥 아픈 배가
아니었습니다

    2015년 7월 농사일을 끝내고 집으로 오는 중 갑자기 배가 아프기 시작했다. 참고 서귀포에 도착하면 병원에 가야지하고 차안에서 엎드려 보았다. 안 된다. 통증은 말로 표현이 안 될 정도였다. 차를 길 옆에 세우고 따뜻한 아스팔트 위에 엎드려 누웠다. 이러다 죽는 것 아냐? 혹 불안한 기운이 덮쳤다.

    7월 땡볕 아스팔트 위에 30분쯤 몸을 데우고 나니 통증은 조금 누그러졌다. 바로 서귀포의료원으로 갔다. 혈액 검사, 소변 검사, 시티검사를 받고 응급실에서 하룻밤 자니 몸이 거뜬해졌다. 이제 살 것 같았다. 아무렇지도 않았다. 너무 더운데 일을 해서 그랬나보다 하루 푹 쉬니 회복이 빨랐다.

이틀 뒤, 생활개선회로 현장학습과 올레길을 걷는 행사가 있었다. 대륜동 회장을 맡은 나도 참석했다. 많이 아프고 나니 바람도 쐬고 싶었다. 오전에는 수다뜰 사업체에 방분해 현장학습을 하고 맛있는 점심도 친구들과 기분 좋게 먹었다. 오후에는 종달리 바닷가 올레길을 걸었다. 아 좋다. 너무 좋다. 바닷바람도 좋고 오름에서 불어오는 산바람은 더욱 선선해서 좋았다.

불현듯 핸드폰이 울린다.

"여보세요."
"김인순 씨죠?"
"서귀포의료원입니다. 시티 결과가 나왔습니다."
"네 그런데요?"
"담낭에 조그마한 혹이 발견되었습니다. 큰 병원으로 가보셔야겠습니다."

탁!

모든 것이 정지되었다. 바다 경치도 산에서 불어오던 바람도 더는 시원하지가 않다. 뭐야. 아까까지는 너무 시원했었잖아.

그 이후 어떻게 시간을 보냈는지는 아직도 기억이 나지 않는다. 빨리 제주시 한라병원으로 가서 검사를 받을 생각으로 머릿속이 꽉 차 있었으니까. 집에도 안 가고 바로 한라병원으로 갔다. 설명을 했다. 이러이러해서 왔습니다. 다시 자세하게 검사해 보자고 하신다.

예약을 하고 집으로 왔다. '이 말을 가족에게 해야 하나 말아야 하나'부터 시작해 온갖 상상이 머릿속을 태풍처럼 휘몰아쳐 어질어질하다.

확실하게 결론이 나기 전까지는 혼자만 알기로 결정하고 오만가지 검사는 다 받았다. 형광물질을 넣은 설탕물을 마시고 시티를 찍었고 MRI 검사도 받았다. 결과는 담낭암 초기였다 .다행히 1기에서 2기로 넘어가는 시기이니 수술하면 괜찮다고 했다. 그러나 나는 전혀 괜찮지가 않았다. 두렵고, 죽고 싶지 않았다.

지금 죽다니 말도 안 돼.
집안을 이렇게 복잡하게 만들어 놓고 죽다니 남편이 다 해결하려면 너무 벅찰 것 같아.
아직은 아들들이 초라하고 울 것만 같아.
기가 죽을 것 같아.
아! 나는 더 살아야 해.

하루라도 빨리 수술을 해야 한다. 암세포가 더 자라면 자랄수록 위험하니까. 모든 일들은 빠르게 진행이 되었다. 인터넷을 뒤져보니 담낭암은 수술을 해도 5년 생존율이 50%라고 나온다. 뭐야 이거 아무리 어릴 때부터 쌓아온 강철 같은 심장이지만 이건 아니지.

검사가 다 끝나고 의사선생님이 말씀하신다.

"보호자가 안 계신가요?"
"내일은 보호자랑 같이 오셔야 수술동의서에 싸인도 하고 의논할 게 있습니다."

아 내가 이제껏 혼자 다녔었구나. 의사 선생님의 말을 듣고서야 정신이 돌아왔다. 그날 밤 남편을 앉혀놓고 사실대로 고백했다.

"내일은 병원에 같이 오라네요."

아이들에게도 고백하고, 어머니께는 비밀이고, 시집식구와 친정 식구도 다 차단 시켰다. 바로 밑에 여동생에게만 도와달라고 부탁했다. 단 비밀을 지키는 조건으로.

내 담낭에는 돌이 있고 혹도 있었다. 관에 있는 돌을 꺼내는 시술을 한 후에 온갖 고기반찬들을 다 먹이고 힘을 키우게 하더니 나를 수술실로 끌고 간다. 이제는 내가 내가 아니다. 의사 선생님의 손에 내 모든 것이 달렸다. 그 위로 신이 계신다는 게 다행이었다. 수술실에 들어 갈 때는 오히려 차분해졌다. 네가 믿는 하느님 손에 제 생명이 달렸으니 맘대로 하세요. 수술실로 들어가는 몇 십 분이 시간, 모든 것 내려놓은 시간이 이 세상에서 제일 편안한 시간이었다.

왜? 내가 할 수 있는 것은 하나도 없고 오직 신께 모든 것이 달려있으니 내가 노력 할 것이 하나도 없기 때문이다. 처분만 기다리면 되기 때문이다.

아침에 출근하고 저녁에 퇴근하는 직장인이 일하는 시간인 8시간을 수술대에서 보냈다. 의사와 간호사가 내 몸을 가르고 꿰맸다. 이틀을 중환자실에서 통증을 견디다 입원실로 올라왔다. 살 것 같았다. 주렁주렁 링거 줄을 매달고 다리에는 긴 타이즈가 신겨졌다. 이제는 내 노력이 필요한 시간들이다. 병원에서 하라는 대로 하고 걸으려고 애썼다. 숨이 안 쉬어지고 통증이 올 때는 엉거주춤한 상태로 헉헉거렸다. 누군가 껌을 씹으면 좀 나아진다고 했다. 쉴 새 없이 껌을 씹었다. 첫 미음을 먹는 날은 '내가 살았다'라고 확인했다.

한 달을 입원하고 집으로 오고 다음 날부터는 집안 일을 했다. 움직여야 된다니 애써 집안일을 하려고 했다. 기름진 음식은 피하고 음식조절에 신경을 제일 많이 썼다. 이때의 설움을 쓰려면 책 한 권인들 못쓰랴. 남편에게 든 섭섭함을 어찌 말로 다 하랴. 수술실 밖에서 8시간을 초조하며 기다린 것을 생각하면 좀 보듬어 줄만도 한데 퇴원해도 집안일은 내 몫이니 그야말로 천하태평이다.

살아 있음에 감사하며 혼자만의 투병생활은 계속됐다. 마침내 2020년 6월, 5년째 되는 달 완치판정을 받았다. 기쁜 마음도 잠시였다. 여전히 암환자라는 꼬리표를 달고 있는 나는 TV에서나 사람들이 누구는 암으로 죽었다고 소근거리면 나도 언제 다시 재발할지 모른다는 걱정을 늘 하게 된다.

지금도 음식 조절은 계속되고 만 보 걷기도 꾸준히 하고 있다. 오히려 노동이라는 농사일이 있는 게 너무나 고마웠다. 아니면 억지로 걷느라 얼마나 신경이 더 쓰일까. 집안일을 하고 감귤나무와 꿀벌을 돌보다 보면 5,000보 8,000보까지 걸을 때가 많다. 이제는 농사일 하는 게 오히려 즐거워지기 시작한다.

나는 천생 농사꾼이다. 어릴 때부터, 어른이 되어 이 세상에서 저 세상으로 이사 갈 때까지.

3

꿀벌어멍에 도전하다

담낭암수술 후 산으로 가야 산다는 말을 들었다. 스트레스를 줄이려고 사람들과의 관계를 줄여 나갔다. 만 보 걷기를 시작하고 꿀벌들을 데리고 꽃을 따라 제주도 곳곳을 유목민처럼 산에서 산으로 이사를 다녔다. 사회활동을 정리하고 사람들과의 접촉은 최소한으로 줄였다. 지방이 있는 육식은 피하고, 튀긴 음식, 면 종류, 빵, 인스턴트 종류들은 일 년에 한두 번 먹는 게 고작이다. 이렇게 하지 않으면 목숨 줄이 왔다 갔다 할 수도 있으니 노력을 할 수밖에 없다.

친척집 대소사도 피했다. 욕을 들어도 내 목숨만큼은 중요하지 않다. 성당에도 꼭 참석해야 하는 미사에만 나가고 집에서 기도한다. 누군가 숨 쉬는 것처럼 기도를 한다고 하면 믿겠는가. 나는 생각날 때마다 심호흡하듯 기도를 한다. 식구들의 건강을 위해서, 내 건강을 위해서, 내가 아파도 가정경제가 잘 돌아가기를 원하면서. 잠에서 깨어 있는 한 차를 운전할 때나 밥을 먹을 때나 신께 매달린다. 이런 간절함은 내가 믿는 신만이 아실 뿐이다.

농사일에도 변화가 생겼다. 한라봉 하우스농사도 접고 감귤농사만 조금 유지하기로 했다. 그리고 꿀벌들을 샀다. 1월에는 따뜻한 해안가로 봄벌 키우기를 시작했다. 초봄이면 유채꽃과 사스레피꽃이 피는 한남양봉장을 구해서 꽃가루를 받고 감귤꽃꿀를 따기 위해 매일 출근한다.

5월 중순이면 감귤과수원이 밀집되어 있고 가끔 다른 꽃나무도 많은 곳으로 꿀벌들을 옮겨놓고 천연꿀을 따려고 하늘과 협상한다. 꿀벌을 아무리 잘 키우려고 애써도 하늘이 주어야 감귤꽃꿀을 딸 수 있다. 조금이라도 공해가 심해지려고 하면 꿀벌들을 데리고 한라산 숲속으로 도망간다.

감귤꽃꿀을 많이 따야 돈이 많이 들어온다. 순수한 천연꿀이고 향기가 그윽하다. 제주도에서만 가능하다. 애지중지 아끼는 꿀이기도 하다. 감귤꽃꿀은 길어야 15일쯤 채취할 수 있다. 감귤꽃에 병해충이 생기기 시작하면 농약을 쳐야 하기 때문이다. 이때 우리는 얼른 꿀벌들을 데리고 한라산 때죽나무숲으로 도망치듯 이사를 간다.

꿀벌들은 한라산 때죽나무숲으로 오면 더욱 활동이 왕성해진다. 깨끗한 공기는 꿀벌들이 더 잘 안다. 덕분에 꿀벌들이 좋아하는 곳이면 내 건강도 지켜진다는 것을 알았다. 남편과 둘이서 꿀벌들을 돌보고 산속에서 점심을 먹고 하루를 보낸다.

일이 없는 날에도 책과 점심을 싸들고 때죽나무꽃길를 걸으려고 산으로 출근을 한다. 족히 20일 동안은 매일 이 꽃길을 걷는다.

아버지도 나 어릴 때 꿀벌농사를 지으셨다. 밭농사를 지으며 농외소득으로 꿀벌들과 함께 산으로 다니며 우리를 키워내셨다. 당시 나는 큰딸이라는 이유로 아침, 저녁 식사당번을 했다. 밥을 지으러 큰 고팡에 가면 쌀 항아리가 내 가슴까지 오는 것들이 세 개, 꿀항아리는 예닐곱 개가 있었다. 쌀을 뜨러 항아리뚜껑을 열 때면 꼭 꿀항 아리도 살짝 열어 한 수저씩 먹고 나왔다. 조금만 먹었으니 어머니는 모를 거라고 생각했다. 사실 한 달쯤 지나고 나면 한 숟갈씩 먹는다 는 게 움푹파여 웅덩이처럼 내려가기도 했다. 어머니는 아셨겠지만 고생하는 나를 보며 모른 체 했을 테다.

우립집 식구들은 아직도 감기에 잘 걸리지 않는다. 나도 이 나이까 지 감기에 걸려서 누워본 적이 없다. 담낭암 수술을 받고도 병원에 입 원할 때만 빼고는 정상적으로 농사를 지을 수 있다. 그러한 기본 체력 은 어릴 때부터 키워졌다고 생각한다. 그리고 그게 한라산 때쭉꿀 때 문이라고 굳게 믿고 있다. 그 옛날 약이 많이 없고 군것질거리가 없을 때는 꿀로 개역(미숫가루)도 타먹고 물에도 넣어 몰래몰래 먹었으니까.

한라산숲속에서 때죽나무 꿀을 따고 때죽나무꽃이 지면 애월곶자 왈숲으로 또 이사한다. 이곳에는 으아리꽃, 예덕나무, 칡꽃들 이루 헤 아릴 수도 없는 들꽃늘과 콩꽃, 참깨꽃, 메밀꽃, 깨깍나무꽃 등이 있다. 어른들이 말하길 꽃 종류가 백 가지도 넘는다고 했다. 수많은 들꽃들 에서 꿀벌들이 모아온 꿀이라 들꽃 꿀이라고 이름 붙인 꿀을 모은다.

로열젤리도 조금 만든다. 꿀벌들은 쉬라고 가만히 내버려두고 우 리는 눈을 혹사시키며 로열젤리 작업을 한다. 그럼에도 꿀벌농사에

미칠 수 있는 것은 건강 때문이다. 아무리 지치게 일해도 산속에서 일하면 금방 피로가 풀리고 사람들과 만나면서 참아야 하는 것들에게서 멀어지니까 홀가분해진다. 살 것 같다.

늦가을부터 겨울, 1월 중순까지는 꿀벌농사 방학이다. 가끔씩 돌아보고 먹을 게 잘 저장이 되었는지, 부족해서 저들끼리 싸우지는 않는지 봐주면 된다.

이렇게 나는 담낭암을 이겨내며 산에서 책도 읽고 시도 쓰며 꿀벌과 함께 지냈다. 2019년에는 부족한 글로 <시조시학>에 등단도 했다. 부족한 시들이라 부끄러울 때도 있지만 시는 내가 죽을 때까지 배우며 같이 가는 질그릇 같은 영역의 무언가다. 그렇게 나는 꿀벌어멍이 되었다.

느린 하루

가끔은 산속에서 벌통 옆에 누워요
고요함에 엎디어 꽃향기에 기대어
그리운 바닥에 대어요
껍질 같은 이 몸도

귓불 아래 솜털도 바스러지는 이 하루
수풀 사이 느린 걸음은 말 없는 기도였으니
생각도 양말 벗듯이 벗고
벌과 함께 누워요

사려니숲

깨깍낭
으아리꽃
풀냄새
나뭇잎 향에

흠뻑 젖은 세포들이
제자리로 돌아온다

아랫말 복잡한 일도
거기 두고 내려온다

4

생초보 블로그 입문기

2013년 4월. 컴퓨터 컴맹이 블로그를 배우려고 서귀포농업기술센터를 찾았다. 당시 농산물이 외국에서 관세 없이 들어온다고 해서 농부들은 걱정이 태산이었다. 감귤도 예외는 아니었다. 걱정하며 기술센터 선생님께 어떻게 하면 좋겠냐고 여쭈어보니 정보화농업인영합회라는 단체에 가입해서 블로그도 배워보라고 했다. 직접 소비자들과 사귀면서 택배를 하면 도움이 될 것이라는 이야기였다.

그러나 사진도 한 번도 찍어보지 않았고 컴퓨터는 그야말로 장님이었다. 영어자판은 커녕 한글자판도 손가락을 이리저리 헤매야 겨우 몇 줄을 쓸 수 있었다. 교육 중에는 사진도 없이 블로그를 쓴 적도 있다. 너무 갈 길이 멀어 보였다. 선생님은 그래도 칭찬해주시며 다독여 주었고 같이 배우는 사람들이 다 농부라서 그나마 위안이 되었다. 나보다 나이가 많은 사람은 딱 한사람이었다. 우리는 금방 친해졌다. 서로 서투니 동지가 생겨서 반갑다며 결석하지 말고 끝까지 배워보자며 다짐을 했다.

번호	교육명	교육장소	상태	기간안내
18	강소농 유튜브영상제작 기초교육 신청자 0명 〔전화및방문신청〕	서귀포농업기술센터	교육종료	접수기간 : 20.09.10.~ 20.09.15. 교육기간 : 20.09.18.~20.09.25.
17	2020 강소농 경영역량강화 심화교육 신청자 0명 〔전화및방문신청〕	서귀포농업기술센터	교육종료	접수기간 : 20.07.02.~ 20.07.08. 교육기간 : 20.07.15.~20.07.29.
16	자연재료를 이용한 천연염색 교실 신청자 0명 〔전화및방문신청〕	서귀포농업기술센터	교육종료	접수기간 : 20.05.25.~ 20.05.28. 교육기간 : 20.06.23.~20.07.22.
15	2020 e·비즈니스 활성화 기초교육 마케팅 기초반 신청자 4명 〔온라인〕	서귀포농업기술센터	교육종료	접수기간 : 20.05.19.~ 20.05.22. 교육기간 : 20.09.07.~20.09.09.
14	2020 e·비즈니스 활성화 기초교육 판매 기초반 신청자 4명 〔온라인〕	서귀포농업기술센터	교육종료	접수기간 : 20.05.19.~ 20.05.22. 교육기간 : 20.08.24.~20.08.26.
13	2020 e·비즈니스 활성화 기초교육(홍보·블로그반) 신청자 4명 〔온라인〕	서귀포농업기술센터	교육종료	접수기간 : 20.05.19.~ 20.05.22. 교육기간 : 20.07.07.~20.07.28.
12	2020 e·비즈니스 활성화 기초교육(홍보-SNS반) 신청자 4명 〔온라인〕	서귀포농업기술센터	교육종료	접수기간 : 20.05.19.~ 20.05.22. 교육기간 : 20.07.09.~20.07.30.
11	2020년 스마트팜 활용 기초과정 교육 신청자 0명 〔전화및방문신청〕	서귀포농업기술센터	교육종료	접수기간 : 20.05.12.~ 20.05.13. 교육기간 : 20.05.21.~20.06.29.
10	2020년 농업기계 경정비교육 신청자 0명 〔전화및방문신청〕	서귀포농업기술센터	교육종료	접수기간 : 20.04.21.~ 20.05.22. 교육기간 : 20.06.29.~20.10.07.

2020년도에 진행한 서귀포 농협기술센터의 영농 교육 과정
(제주특별자치도 농업기술원agri.jeju.go.kr)

낮에는 과수원에서 일하고 밤에는 배운 대로 일하는 내용을 블로그에 하나씩 써보았다. 배울 때는 잘 할 수 있을 것 같았는데 혼자 하려니 다 잊어버렸다. 답답했다. 이렇게 내가 무능한 줄 처음 알았다. 같이 공부했던 젊은 친구를 찾아 밤이면 밤마다 노트북을 들고 찾아다녔다. 처음엔 미안했지만 자꾸 만나며 같이 공부하다 보니 더 친해졌고 미안해서 먹거리도 들고 다녔다. 무엇으로 도움을 줄까 고심하며 다녔다.

일 년을 버티고 나니 다음 해에는 제주도농업기술원에서 'e-비즈니스'라는 교육이 있다고 알려주었다. 얼른 신청하고 일주일에 한 번 하는 3개월짜리 교육을 5년이나 빠지지 않고 받았다. 서울에서 하는 블로그과 마케팅 교육을 받으려 두 번이나 비싼 비행기표를 들여 부지런히 다녔다. 블로그에 글이 쌓이니 자랑스럽기도 했다. 도농블로그기자단에 가입해서 제주도농장들을 홍보하러 다니기도 했고 호텔 홍보 글을 써주는 대가로 방을 공짜로 얻어 호사를 누리기도 했다. 기술센터에서 페이스북 교육 기회도 주자 페이스북에도 빠졌다.

시작이 어렵지 한번 빠지기 시작하면 묘한 매력을 지닌 게 블로그와 페이스북이었다. 가만히 않아서 우리나라 전역에 있는 농부들과 소통할 수 있었고 시를 좋아하는 사람들, 그림을 그리는 사람들은 물론 다양한 직업을 가신 사람들의 생활을 볼 수 있었다. 블로그로 이웃을 사귀고 이웃이 제주에 놀러올 때는 집에서 차도 같이 마시고 감귤도 사주었다.

택배는 이때부터 서서히 이루어지기 시작했다. 한 번에 덤벼들지 않았다. 블로그에 글이 쌓여 갈 때마다 주문이 조금 씩 늘어나기 시작하는 게 신기하기까지 했다.

남편은 처음에는 밤마다 무슨 컴퓨터를 하냐고 잠 좀 자라고 타박을 해댔다. 그러면 나는 가만히 모르는 척 해줄 수 없느냐고 대들기도 많이 했다. 어떨 때는 잠자는 게 방해된다고 해서 나 혼자 마루 소파에 누워 자기도 하고 티브이를 남편만 볼 수 있게 방에 들여 놓기도 했다. 결국 말다툼까지 할 정도로 참 열심히 해댔다.

어떤 사람들은 어렵다고 하면서 포기하는 사람도 많았다. 그러나 이상하게 나는 재미가 있었다. 자꾸 새로운 사람들이 살아가는 모습을 보니 따라하는 것도 생겨났다. 글을 쓰다 보니 어릴 때 시인이 되고 싶었던 꿈들이 꾸물꾸물 올라오기 시작했다. 전국적으로 아는 사람들이 점점 늘어나고 만나고 싶다는 사람도 생겨났다.

하루는 어떤 젊은 여자의 전화를 받았다.

"여보세요?"
"저는 ○○에서 일하는 서 피디라고 합니다. 한번 만나 뵐 수 있을까요?"
"예, 저를요? 무슨 일인데요?"

이 전화 한 통이 나를 방송으로 내몰기 시작하는 첫 스타트가 되었다.

5

카메라 앞에 서다

"여보세요? 저는 미래창조과학부 〈기후온난화에 대한 다큐〉 공모
전에 당선된 서 피디입니다. 한번 만나서 이야기 좀 나눌 수 있나요?"

다큐 주인공으로 섭외가 들어왔다. 신기했다. 나에게 다큐라니.
TV에서만 보았지 내가 다큐의 주인공이 될 거라고는 상상해 본 적
이 없으니까. 승낙하고 남편에게 설명했다. 남편은 펄쩍 뛰면서 사기
가 아니냐고 잘 알아보라고 했다. 꿀벌농사를 처음 짓던 해에 저도
모르게 방송에 찍혀서 아주 맘고생 했던 일이 생각났다.

남편은 아무래도 불안하다며 아들과 동생까지 총출동해서 피디를
만났다. 이렇게 사람이 많이 온 것을 보며 피디도 놀라는 눈치였다.
나는 솔직한 거 빼면 남는 게 없다. 나만 오려고 하니까 남편과 아들
이 사기 아니냐며 불안해해서 같이 왔다고 고백했다.

피디는 웃으며 절대 사기가 아니고 나라에서 지원해서 만드는 다큐라고 설명했다. 꿀벌농사를 짓는 많은 사람들 중에서 뽑힌 것이니 오히려 기쁜 일이라고 했다. 저녁을 맛있게 먹고 언제부터 언제까지 어떤 내용으로 찍을 거라는 계획도 들었다. 약 6개월에 걸쳐 찍을 거고 호주에도 영상을 찍으러 간다고 했다. 나는 호주도 구경할 수 있다는 것에 기분이 더 좋아졌다.

'초라한 집 살림살이들을 어떻게 다 내보일까. 사람들이 우리 사는 것을 보고 웃으면 어쩌지.' 하는 걱정을 내비치자 피디는 그대로 보여주는 게 도움이 된다고 안심시켰다.

제일 걱정되는 일은 남편을 어떻게 촬영에 합류하게 하는 일이었다. 쭈뼛쭈뼛하며 어색해지고 조금이라도 마음에 들지 않으면 금방 얼굴에 표시를 내는 사람이기 때문이다. 그래서 남편이 촬영을 마칠 때까지 항상 저자세로 지냈다.

꿀벌농사를 짓는 과정을 계절 따라 촬영을 하고 법환 바닷가에서 고메기를 잡아서 반찬을 해먹는 영상도 촬영을 했다. 기후가 변하고 온도가 높아지면서 제주에서 꿀벌 키우기가 힘들어지고 농사짓기가 어려워지는 과정을 담아냈다. 바닷속 먹거리도 줄어들고 토종 어종이 줄어들며 새로운 어종의 출현하는 것도 촬영했다.

새벽 숲속을 찍는다고 현장에 갔는데 햇빛과 장소가 적절하지 않다 한라산 숲속으로 들어가기도 했다. 이때 한라산에서 촬영하려면 허가를 받아야 하는 것도 처음 알았다. 알지 못했던 번거로움은 있었지만 곶자왈 숲에서 새벽공기를 마시며 새소리와 함께 촬영을 할 때가 제일 평화롭고 행복한 시간이었다.

제주도 촬영을 마치고 일본과 서울에서 촬영을 하는 그 사이에 나는 담낭암 수술을 받았다. 피디한테는 비밀로 했다. 혹시 걱정해서 촬영에 차질이 되면 안 된다는 생각뿐이었다. 다행히 수술하고 병원 생활이 끝나고 15일쯤 뒤에 늦가을 메밀꽃이 필 무렵 2차 촬영에 들어갔다. 피디는 내가 아팠다는 낌새를 전혀 눈치 못 챘고 나는 아무렇지도 않은 척 촬영에 들어갔다. 서귀포 오일장에서 검정고무신도 사신고 메밀꽃밭에서 남편과 데이트하는 장면도 촬영했다. 좋은 추억거리를 만들어준 서 피디에게 지면을 빌어 고맙다는 말을 전한다.

제주도가 늦가을이면 호주는 사과꽃이 피는 계절이다. 이 시기에 맞춰 호주에 태즈매니아에 방문했다. 태즈매니아는 섬인데 대한민국의 제주도와 비슷하다고 한다. 몸을 보호하면서 수술을 담당한 의사 선생님께 호주에 가려고 하는데 긴 시간 비행기를 타도 되는지 확인한 후에 호주로 갔다.

촬영의 모든 과정은 피디가 해주었기 때문에 나는 아주 편하게 태즈매니아를 구경했다. 호주에서는 한 대학교수가 꿀벌에 조그마한 마이크로칩을 달아 어디쯤 날아가고 몇 마리가 살아서 돌아오는지 인터넷으로 관찰하는 실험도 보았고, 직접 꿀벌통이 놓여있는 산으로 가서 촬영도 했다. 나처럼 꿀벌농사를 짓는 이브 씨네 가족을 만나서 같이 촬영하고 식사도 하는 영광을 누렸다. 2만 평이 넘는 들에 집을 지어 각종 가축들과 꽃을 키우고 아이들은 맨발로 돌아다니 것을 보며, 땅이 넓으니 이런 혜택도 누리고 사는구나 하는 생각에 잠시 부러워하기도 했다.

놀랍게도 이브 씨네 집도 우리집처럼 앞이 모두 전면 유리창으로 되어있었다. 왜 이렇게 앞을 모두 전면유리창으로 집을 지었냐고 물었는데, 와아~ 신기하다. 나랑 똑같은 생각이었다. 잠잘 때까지, 일어나서 바로, 잠자리에 누워서까지 하늘을 보고 싶어 전면 유리창으로 집을 지었단다. 세계 어느 곳에서나 자연을 좋아하는 성향이 이렇게 똑같이 집에 투영될 수가 있다니! 우리는 더욱 친해졌다.

숙식은 우리나라에서 이민 간 민박사업을 하는 곳에서 해결했고 가이드도 우리나라에서 호주 어학원을 운영하다 잠시 쉬고 있는 철우 씨네 부부가 담당했다. 이 부부는 호주로 유학 가는 학생들을 위한 학원을 운영하며 돈은 많이 벌었지만 스트레스 때문에 학원을 접

다큐멘터리 '제주 어멍, 꿀벌에게 길을 묻다'

고 꿀벌농사를 지으려고 태즈매니아로 이사 왔다고 한다. 안타깝게
도 꿀벌 독 알레르기가 있어서 꿀벌농사를 접었고 지금은 무슨 일을
할까 쉬면서 알아보는 중이었다고 했다. 3년 후 호주에서 한 달 살기
를 해볼까 하고 연락을 해보았을 때는 카페를 차려서 대박을 쳤다는
소식을 들었다. 잘된 일이다.

호주의 대학교와 바닷가의 풍광.
태즈매니아의 요트들.
제주도 전복과는 비교가 안 되는 커다란 전복들.

촬영을 핑계 삼아 신기하고 멋있는 태즈매니아를 일주일 동안 돌아다녔다. 불행히도 호주에서 촬영한 영상은 다큐에 내보내지 않기로 했다는 후문에 실망했지만, 삶에서 기분 좋은 추억을 쌓아가며 다큐 '제주 어멍, 꿀벌에게 길을 묻다'는 이렇게 끝마쳤다.

6

성공의 소용돌이가
휘몰아쳤다

블로그 시작하고 한 달. 나는 블로그로 내 앞날에 회오리바람이 불 거라고 예언했다. 국어사전을 보면 성공이란 '목표한 것을 이루는 것'이라고 한다. 크게 이름을 날리고 많은 돈을 축척하고 명예와 권력을 가진 것만의 성공은 아니다.

하느님은 절대로 다 주지 않는다. 나는 산에서 지내며 시인이 되자고 마음먹었고 일 년 쓰고 블로그에 글을 모아 책을 낸다고 늘 말하고 다녔다. 내가 목표한 바를 이루는 것, 노력하면 이룰 수 있는 것들이다. 블로그로 농산물을 팔고 블로그 글을 모아 책을 내고 산에서 일하면서 시를 쓰는 것. 이 모든 일이 블로그를 시작하며 자연스럽게 세운 목표가 되었다.

그런데 놀랍게도 그 이상의 효과를 보고 있다. 블로그를 통해서 다큐를 촬영했고 그 다큐를 보고 사회적 기업을 운영하는 청년들과 같이 네이버 해피빈에 공감펀딩을 해보자는 제안이 왔다. 공감펀딩이 무엇인지도 몰랐던 무지의 농부였지만 설명을 듣고 나니 잘해보고 싶었다. 용기 내어 부끄러운 시골생활을 당당하게 내보이기 시작했다.

꽃 피는 5월 우리는 모였다. 사진을 찍고 꿀벌들을 돌보는 산속에서 며칠을 지냈다. 우리부부의 삶은 공감펀딩에 날것 그대로 올려졌다. 초초했다. 과연 누가 우리 생활을 흉을 보지 않고 애쓰게 꿀벌들을 키우며 따낸 노고에 공감해 꿀을 후원해 줄 것인가.

하루 이틀은 조금씩 주문이 들어 왔다. 5일째 되는 날부터 초조한 마음에 컴퓨터에 들락날락거렸다. 일하다가도 들여다보고 밥을 하다가도 인터넷을 열어보게 되었다. 펀딩은 새벽에 일어나자마자 컴퓨터를 열어보게 하는 마력을 지녔다.

마감을 앞두고 5,600만 원이라는 액수로 네이버해피빈 1회 차는 끝났다. 머리가 띵했다. 도시에 있는 사람들이 우리가 애쓰게 농사지으며 수확하는 농산물에 많은 관심을 가지고 있구나. 자연을 사랑하고 보호하는 우리 부부의 산속 생활을 부드러운 눈으로 봐주는 사람들이 많구나.

수익도 우리가 생각하는 것보다 많았지만, 다큐에 이어 나를 인터넷에 자리매김을 할 수 있는 자리를 마련해주었다는 것이 더 큰 성과였다. 사회적 기업청년들이 고마웠다. 펀딩의 장을 마련해준 네이버 해피빈 공감펀딩도 너무 고마웠다. 이 일을 계기로 서투른 컴퓨터 실력이나마 하루도 빠지지 않고 블로그를 쓰기 시작했다. 블로그를 더 잘 운영하기 위해 농업기술센터에 교육이 있다고 하면 모두 받으러 다녔다.

친구들은 여전히 놀려댄다. 비가 오는 날이면 화투놀이 하는 데 같이 가자고 유혹한다. 놀고 싶은 유혹, 쉬고 싶은 유혹들을 어떻게 거절하고 참아왔는지 아직도 잘 모르겠다. 또 친구들은 그렇게 열심히 안 해도 감귤도 팔고 꿀도 다 팔 수 있다고 적당히 하라고 한다. 앞에서는 "그래 맞아." 이렇게 대답하고는 집에 와서 인터넷에 시간을 투지했다. 낮에 너무 지쳐 몸이 말을 안들을 때는 사나흘씩 쉬는 날도 가끔은 있다. 그래도 멈추지는 않았다.

한번 시작한 네이버해피빈 공감펀딩은 해마다 4회 차까지 이어졌다. 남편도 협조하기 시작했고 아들도 엄마를 응원하기 시작했다. 지치다고 시간이 부족해서 대충 쓰던 블로그를 정성 들여 쓰기 시작했다.

블로그로 꿀을 팔고 책을 쓰고 시인으로 인정받는 게 목표다. 목표에 접근하려면 그에 맞게 나아져야 하고 노력도 해야 한다. 아침저녁으로 '오늘은 감귤밭에서 이런 일을 했어요.'라고 행동만을 써 올리다가 '감귤밭에서 감귤꽃을 보니 향기가 너무 좋았어요. 눈을 감고 향기를 맡고 있으면 감귤꽃들이 내 주위를 빙빙 돌아다니는 것 같아요.'라고 쓰고 싶어졌다. 내 생활을 더욱 풍성하게 표현하고 싶어졌다. 한라산 때죽나무꿀을 따려고 깊은 산속에서 생활할 때는 '꽃비를 맞으며 다닌다. 누가 나를 위해 이런 꽃길을 마련해 줄까. 난 하늘이 내려준 꽃길을 20일은 족히 걷고 다닌다. 이런 호사를 누가 누릴 수 있나. 우리 부부가 매일 걷는 꽃길은 돈 주고 살 수 없는 꽃길이다.'라는 글도 썼다.

이렇게 감귤꽃을 사진으로 올리고 때죽나무 꽃길을 블로그에 올리면 많은 이웃들이 오고 싶어 한다. 그중에 시간이 허락되는 몇 팀을 초대해서 도심의 때가 하나도 안 섞인 맑은 숲속에서 고기파티를 연다. 일 년에 다섯 팀은 초대한다. 많은 사람들이 오고 싶어 하지만 다 초대할 수는 없다. 정말 쉬고 싶은 사람, 스트레스를 꼭 날려버려야 할 사람, 내가 봐도 '저 분은 쉼이 필요해'라고 생각하는 분들을 숲으로 초대한다. 반나절을 먹으며, 이야기도 한다.

그리고 하얀 면사포처럼 깔린, 종처럼 생기고 고급진 비로드 같은 꽃길을 두 시간쯤에 걸쳐 걷는다. 말은 안하기로 미리 약속한다. 많은 말을 함으로 속이 허할 수도 있다. 맘에 없는 말을 할 수도 있다. 침묵으로 두 시간을 걸으면 눈인사만으로도 우린 서로를 위로하며 용기를 줄 수 있다는 걸 알아버린다. 반나절로 두 주먹 불끈 쥐게 만든다. 나 또한 그렇게 용기를 얻었다. 이제 이 책을 쓰고 나면 점점 목표에 다가가고 있다는 것을 실감하게 될 것이다. 이미 성공의 길로 들어섰다.

이꽃들은 낮에는 오무렸다가 밤에는 얼마나 예쁘게 피는지요.
나말고 또 누구랑 마음이 맞았는지.

"내 생활을 더욱 풍성하게 표현하고 싶어졌다."

part 3

60대 농사꾼도 해냈습니다

1

열심히 농사만 짓는
사람의 딜레마

주소로 물건만 보내고 돈을 버는 마케팅업자들이 많다. 수수료가 너무 많거나 입금이 너무 늦는 경우도 생긴다. 농사만 열심히 지으면 나라에서 소비자와 연결해주는 장을 펼쳐주면 얼마나 좋으랴. 현실은 그렇지 못하니 온라인 마켓들이 할 수 없는, 농부들만의 이야기가 담긴 체험들을 모아 유튜브, 블로그, 인스타그램을 해야 한다.

나도 농사를 40년을 지으면서 처음에는 중간 상인에게 농산물을 도매로 넘겼다. 애써서 일 년 동안 농사를 지어 손에 들어오는 돈은 정말 어처구니가 없을 정도로 실망할 때가 많았다.

컴퓨터를 배우면서 마케팅교육을 받다 보니 인터넷에서는 유능한 사람들이 온라인마켓을 차려놓고 여기에 들어와서 농산물을 팔라고 한다. 그러나 사진을 찍고 상세페이지를 만드는 것도 어렵다. 스스로 못하면 돈을 주고 맡기는 수밖에 없다.

그러자 온라인 마켓에 사진과 상세페이지를 만드는 방법을 알려주는 회사들이 생겨났다. 농부들은 블로그를 배우고 마케팅을 공부하면 잘 팔 수 있을 거라는 희망을 갖고 교육을 받으러 다닌다. 다만 컴퓨터에 능숙하지 못하면 처음부터 고비가 찾아온다. 블로그도 과외 받는 것처럼 전문적으로 가르쳐주는 선생님께 배울 필요성을 느낀 나는 서울까지 수업을 들으러 다녔다.

이러한 노력이 과연 그만큼의 효과를 불러올까? 온라인마켓에 상품을 올리면 어떤 일이 일어나는지 살펴보자. 예를 들어 네이버 스마트 스토어는 결제 이후 일주일에서 열흘이면 그 금액이 판매자에게 입금된다. 다른 온라인마켓도 조금씩 차이는 나지만 보통 한 달에서 길면 두 달이 걸려 입금된다. 농부는 일 년 농사지어 생활을 유지한다. 그런데 농산물을 팔았는데 들어와야 할 돈이 한 달에서 두 달이 후에야 들어오면 그 기간에는 어떻게 생활해야 하나? 불만을 가질 수밖에 없다.

스스로 온라인 마켓에 올리는 게 서툰 사람들은 돈을 주고 전문가에게 판매를 맡긴다. 대개 온라인 마켓에서는 상품 등록 수수료를 최저 5%에서 35%까지 받는다. 그렇다면 농부는 중간상인을 통해 물건을 파는 일이 경제적으로 도움이 될까? 오히려 중간상인은 한꺼번에 농산물을 다 팔 수 있고 돈도 한 번에 다 입금이 되므로 좋다. 택배상자와 테이프, 완충제 같은 자질구레한 비용도 안 들어간다. 더구나 택배 하는 일이 얼마나 힘든가. 택배를 보내는 수고는 물론 고객의 클레임 대응도 다 농부들 몫이다. 더 힘든 일이 되돌아오고 있다.

열심히 농사만 짓는다고 해서 능사가 아니다. 중간상인한테 팔지 않고, 수수료가 많은 온라인 마켓에 상품을 올리지 않고, 입금이 너무 늦게 들어오는 온라인 마켓을 피하며 농부가 살아남으려면 어떻게 해야 할까? 늘 고민을 한다. 이런 고민은 나라에서 지자체랑 손잡고 해야 할 고민이 아닌가. 농업이 없으면 나라가 지탱할 수 없으니 시급히 해결해야 할 문제가 아닌가? 내가 잘났으면 정치를 하고 싶을 때도 많지만, 도저히 도전할 수 없는 시골 농사꾼은 푸념한다.

그렇다고 두 손 놓고 있을 수만은 없다. 내가 할 수 있는 범위 안에서 나름대로의 방법들을 생각해본다.

첫째, 사진 찍는 것.
둘째, 동영상 편집하는 것.
셋째, 글을 쓰는 것. 아무리 어렵고 힘들어도 꼭 배워야 한다.
넷째, 나만의 스토리를 만드는 것.

마케팅만 배워서 우리 농산물을 주소만 받아 팔며 수수료를 챙기는 사람들이 할 수 없는 일을 해야 한다. 그게 무얼까? 이야기가 있는 체험, 힐링이 되는 체험, 교육도 같이 이루어지는 체험이겠다. 특히 제주도는 관광지니까 이러한 계획이 더 필요하다. 아직은 말하는 게 조심스럽지만 나만의 계획을 세우고 있다. 2021년 후반부에 본격적인 시작을 하기 위해 아들과 머리를 맞대고 준비 중이다.

농사도 열심히 지어야 한다. 하지만 그 외에도 반드시 해야 할 것들이 있다. 그렇다. 인터넷에 나를 알리는 일, 즉 블로그, 인스타그램, 유튜브 삼 종 세트는 제주도에서 농사짓는 60대 농사꾼에게도 꼭 필요한 시대가 온 것이다.

2

허니제주의
블로그로 초대합니다

네이버 블로그 '김인순의 허니제주'

인터넷에서 블로그는 신용장이다. 정거장, 휴게소, 공항과 같다. 전세계의 물류창고이자 동시에 지식창고다. 가만히 앉아서 손가락 몇 번 움직이면 좋아하는 사람과 얼굴을 마주하고 만날 수 있다. 필요한 물건, 알고 싶은 지식, 돈의 흐름까지 다 알 수 있다. 약간의 지식만 있으면 이 모든 것들을 활용할 수 있으며 대학교에 가지 않아도 얼마든지 요즘의 교육을 받을 수 있고, 나와 같은 농사꾼도 책을 쓸 수 있다.

몇백만 원 하는 교육비를 안 들여도 몇십만 원이면 최고급의 교육을 받을 수 있다. 몇만 원이면 보통의 교육은 집에서 다 받을 수 있다. 배우겠다는 의지와 정보만 있으면 된다. 정보를 알려면 먼저 배운 이웃들과 정보를 나누어야 하고 서로 소통도 돼야 한다. 아니 그 전에 컴퓨터와 친해져야 하고 인터넷 서핑도 즐겨야 한다.

요즘은 너도 나도 '디지털노마드'라는 말을 많이 한다. 인터넷과 업무에 필요한 각종 기기, 죄소한의 작업 공간만 있으면 시간과 장소에 구애받지 않고 일할 수 있는 것이다. 마치 유목민처럼 여기저기서 일할 수 있는 시대이다.

나는 이를 인터넷이 되는 장소와 노트북 핸드폰만 있으면 호주든, 미국이든 중국이든 자신이 하는 일을 다 할 수 있다는 말로 해석한다. 각종 기기들은 이어폰이나, 핸드폰으로 일할 때 눈을 피곤하지 않게 핸드폰에 연결해서 쓸 수 있는 키보드, 전기를 공급해주는 콘센트와 충전기 등이다.

나는 하루 육지로 일을 보러가든 해외로 일주일을 가든 꼭 핸드폰과 충전기 이어폰을 준비하고 다닌다. 수시로 사진을 찍고 동영상을 찍는다. 메모를 수시로 한다. 녹음은 되도록 피한다. 다른 사람이 녹음한 것을 들어보니 개인적인 프라이버시가 다 들춰지는 것 같아서 녹음은 피하고 싶다. 또한 나중에 다툼의 소지도 있고 상대방한테 녹음해도 되냐고 물었을 때 옆에 있는 모든 사람들이 부담이 되고 눈치가 보여서 그만두었다. 대신 핸드폰에 짧게 메모를 한다.

이렇게 쌓은 메모는 숙소에서 정리하거나 나중에 집에 와서 정리한다. 경험상 그때그때 하지 않으면 버리게 되는 것들이 많아 너무 늦지 않게 정리하려고 노력한다. 메모를 정리하고 나면 짧게나마 블로그를 쓸 수도 있고 인스타그램이나 페이스북에도 글을 올릴 수 있다. 어떤 곳은 인터넷이 빠르고 어떤 곳은 느려서 글을 올리다 그만두기도 한다. 경우에 따라 적절하게 움직이는 센스를 발휘한다.

나는 해외를 가도 전화나 문자를 꼭 할 수 있게 준비한다. 남들은 비싸다고 카톡으로만 연락을 주고받는다. 그러나 농산물을 구입하는 소비자들이 바로바로 통화할 수 있게 배려를 해야 한다고 생각한다. 이것도 사업이라면 사업인데 전화요금 아끼고 어떻게 사업을 하나. 같이 여행을 다니는 사람들은 절약하지 않는다고 흉도 보기도 한다. 그럴 때면 속으로 '단 한 사람이라도 주문이 들어오면 전화요금으로 충분한데 아낄 것 아껴야지 무슨 생각들을 하는 건지'라는 생각을 하며 답답해 한다.

이런 게 바로 디지털 노마드의 삶이다. 어려운 게 아니다. 불가능도 아니다. 누구나 다 할 수 있다. 65세인 제주도 촌 아낙도 디지털 노마드로 살아간다고 당당하게 말하며 다닌다.

몇 억씩 벌어야 하는 삶도 아니고 자신의 환경에 맞게 능력이 되는 데까지 하면 된다. 부족한 것은 계속 배우면서 습득하면 된다. 해외로 나갈 때는 친구들이 숙소에서 주문을 받거나 문의전화를 받고 있으면 자기도 그렇게 하고 싶다고 한다. 친구에게 컴퓨터를 배우고 블로그를 하라고 권한다. 하기 싫단다. 시간도 없고 굳이 하지 않아도 농협이나 중간상인에게 술술 잘 팔린다고 한다. 농사 꾸리는 것도 힘든데 인터넷까지 하면서 무슨 고생이냐고 반문한다. 그러면서도 인터넷으로 주문은 받고 싶어한다. 그럼 어쩌라는 건지 알 수가 없다.

하루는 페이스북에서 10킬로그램짜리 상추 한 박스가 경락가

4,000원에 낙찰됐다고, 인건비도 안 나온다고 상추 생산자가 하소연하는 글을 보았다. 반면 한 페친(페이스북 친구)은 10킬로그램짜리 상추 한 박스를 13,000원에 사왔다고 한다. 9,000원이라는 돈은 어디로 갔을까? 운송비는 이미 들어간 가격이다. 그러니 다시 파는 사람들의 인건비, 가게세 정도로 생각할 수 있다. 물론 그들도 장사하려도 이윤이 필요하다. 그렇지만 농사꾼이 조금 더 받아야 되는 것이 맞지 않는가?

이런 불편함과 부당함을 다른 사람이 대신 해결해줄 수는 없다. 스스로 중간에서 사라지는 돈을 잡아야 한다. 무엇이 답이 될 수 있을까? 나는 직거래가 답이라고 생각한다. 그러기 위해 컴퓨터를 배우고 인터넷 세상으로 들어가야 하는 것이다.

인터넷을 배우면 무엇이 좋을까? 가정경제가 조금 나아진다. 마음에 여유가 생긴다. 다른 생각도 하게 만든다. 인터넷으로 할 수 있는 것들이 무궁무진하다. 육지에서 제주도로 여행 와서도 소비자와 생산자가 직접 거래를 하면 좋겠다. 이러한 일이 활성화되어 소비자는 좋은 물건을 값싸게 구입할 수 있고, 농부는 인건비를 조금 더 받을 수 있게 되면 얼마나 좋을까.

나는 지금 찜질방에서 글을 쓰고 있다. 집에서는 도저히 안 써진다. 청소가 신경 쓰이고 사람들도 수시로 들락거린다. 산으로 컨테이너를 옮겨놓고 이틀을 지내봤다. 춥기도 하고 늦은 밤에는 무서워서 철수했다. 이후로도 여러 곳을 찾아다니다 발견한 곳이 찜질방이다. 사람도 많이 오지 않고, 만화방이 따로 있는데 코드선이 있고 책상도 있다. 바닥은 따뜻하게 난방이 된다. 아니 이렇게 글쓰기 좋은 곳이 있다니 너무 좋다!

아침에 할 일을 후다닥 해치우고 찜질방으로 늦은 출근을 한다. 이곳에서는 인터넷이 안 되는 게 오히려 다행이다. 노트북으로 글을 쓰고 바깥소식은 핸드폰으로만 받는다.

해외에 가야만 디지털 노마드로 살 수 있는 건 아니다. 제주도 안에서도 어디를 가든 노트북과 핸드폰만 있으면 모든 일을 다 할 수 있다. 꿀도 핸드폰으로 주문받고 남편에게 연락해 손님이 몇 시쯤에 가지러 간다고 준비하라고 전하면 끝이다. 이렇게 편리한 일을 왜 안 할까?

다시 말하지만, 이 모든 일은 블로그로부터 시작되었다. 굳이 경제적 이점만 노리고 사용하지 않아도 좋다. 인터넷으로 할 수 있는 게 많고 안 하면 안 되는 세상이 왔으니 세상의 흐름에 따르다 보면 무엇이든 이룰 수 있게 된다. 나이가 있다는 핑계로 피할 일이 아니다. 블로그로 인터넷 세상에 들어가기를 바란다. 블로그를 통해 도전하고 용기를 얻은 나는, 오늘도 그 어떤 채널보다 블로그가 최우선이라고 자신 있게 말하고 다닌다.

3

내게도 호캉스를!

가끔 내 블로그를 통해 홍보하고 싶은 업체들이 이메일을 보내온다. 책 리뷰도 들어오는데 시간이 있을 때만 신청하는 편이다. 어느 날은 k호텔 홍보팀에서 이메일이 왔다. 하룻밤 묵으면서 리뷰를 쓸 블로그를 모집한다는 내용이다. 망설이다 신청을 했다. 날짜는 마음대로 정할 수 있고, 조식포함에 4, 5명이 함께 갈 수 있단다. 마음에 든다. 같이 공부하는 블로거(블로그를 운영하는 사람을 말한다) 팀이랑 가서 휴식도 하고 느긋하게 하룻밤 지내보는 것도 좋겠다는 생각에서였다.

신청을 하고 기다리자, ok, 내게도 기회가 왔다. 날짜는 5월 7일 오후부터 5월 8일 오후 3시까지. 친구들한테 같이 가서 쉬고 오자고 유혹하여 인원을 모았다. 먹을 것도 한 가지씩 준비하기로 했다. 노트북은 기본이고 모르는 것이 있으면 서로 배우기로 하고 그 날이 오기를 기다렸다. 5월 7일 4시부터 각자 집에서 먹을 것들을 싸서 모였다. 맥주도 몇 캔 사고 치킨은 배달시켰다. 케이크도 사고 저녁도 간단하게 준비했다. 한라봉도 나오고 각종 수제청도 등장했다. 와인도 납시었다. 와! 대박이다.

사진을 찍고 맛있는 음식을 먹었다. 늦은 밤 5월의 부드러운 바람을 안고 야외로 나갔다. 바닷가에 비춰지는 네온싸인은 유리성에 온듯하다. 밭에서 일하고 집안일에 컴퓨터까지…. 시달렸던 모든 것들을 내려놓았다. 뒤로 자빠지며 웃기도 했다. 남편에게서는 받지 못한 위로를 우리끼리 서로 건네며 하룻밤을 보냈다.

처음엔 망설였지만 막상 가서 하루를 재미있게 보내고 온 내게 참 잘했다고 스스로에게 칭찬했다. k호텔도 한 사람의 신청으로 5명의 포스팅을 얻었으니 나쁘지 않았을 것이다.

깊은 밤까지 소녀처럼 속닥거리며 옆 친구 자는 걸 방해했다. 누구는 코를 골았다는 후문이 돌며 몇 달은 놀려댔다. 다음날에도 즐거움은 계속되었다. 두 사람은 남편 아침 때문에 새벽에 집으로 갔지만 세 명은 '배 째라. 우리는 다 즐기고 갈 거야. 설마 여기까지 아침밥 달라고 쫓아 오진 않겠지?'라고 키득키득 웃으며 산책길로 접어들었다.

냇물이 졸졸졸 흐르고 울창한 숲에 새소리까지 평화로운 새벽이다. 10분만 걸으면 바닷가에 이른다. 서로 아무 말 없이 걷다 바닷가 전망이 기가 막히게 멋있는 곳에서는 모여서 인증샷도 찍었다. 좋다. 내년에도 이런 기회가 있으면 좋겠다고 생각한다. 그러기 위해 우리 블로그 열심히 하자고 다짐해 본다. 멀리 파도가 손 벌리며 달려온다. 모든 게 반가운 아침이다.

호텔에서는 조식도 제공해주었다. 분수대에서는 물이 철철 흐르고 잔디 사이사이 분홍색 꽃들이 보이는 창가에 자리를 잡았다. 아침을 안 먹어도 여기에 앉아서 밖을 내다보는 것만으로 행복했다.

접시를 들고 음식이 있는 곳으로 갔다. 헉! 놀랐다. 호텔에서 아침 식사를 이렇게 준비하다니 다들 놀라서 눈이 휘둥그레졌다. 우리는 호텔조식이라면 토스트, 계란, 우유, 커피, 과일이 나올 것이라 상상했었다. 각종 채소, 고급 한식집에 나올 법한 음식이 수도 없이 쫙 나열되어 있었다. 먼저 간 친구들이 생각났다. 아, 이럴 줄 알았으면 가지 말라고 붙잡는 건데….

어머니가 집안에 일을 하는 사람들을 부를 때는 음식을 항상 많이 준비했었다. 그러면서 하는 말이 '먹는 음식은 배 안에 들어가게만 먹지 배 밖에는 바를 수 없다.'며 음식을 바리바리 장만했었다. 혹시 힘든 일 하는데 마음껏 못 먹는 사람들이 있으면 안 된다는 배려였다. 그렇지만 오늘 아침은 맛으로 보나 색으로 보나 배밖에 바를 수 있다면 바르고 오고 싶을 정도다. 웃겠지만 먹보인 나로서는 맛있는 음식이 눈앞에 있으니 하나라도 더 먹으려고 애썼다.

맛있는 아침을 먹고 나니 다들 남편이랑 같이 올 걸 그랬다며 후회한다. 아직도 각시라는 자리를 죽을 때까지 지켜갈 것임이 분명한 친구들. 이래서 함께한 그 시간이 더욱 좋았다. 점심식사는 같이 먹어야지, 그렇지 않으면 쫓겨날 수도 있겠다며 서둘러 집으로 향하는 발걸음이 동동동 가볍다. 사실은 어버이날을 맞아 어버이를 모셔야 하는 세대들이다. 집에 가면 시어머님께는 무엇을 사가고 친정어머니께는 저녁으로 무엇을 들고 갈까 서로들 의논한다. 평소와는 다르게 이렇게 어버이날 전야제를 거하게 치르고 나니 양쪽 부모님께 드리는 효도는 기분 좋게 쏜다. 내년에도 어버이날 전야제를 할 수 있었으면 좋겠다.

블로그로 참 많은 것들을 이룰 수 있다. 자녀에게서 이런 대접을 받으면 지금처럼 설레지는 않을 것이다. 돈을 절약해야지 왜 낭비하냐는 잔소리가 나올 수도 있고 섭섭한 감정이 있는 며느리라면 기대에 못 미쳐 실망할 수도 있겠다. 그러나 우리 스스로 기회를 마련하니 신나고 즐겁다. 나이 들어도 직접 블로그를 운영하며 좋은 기회를 얻고 또 그 책임을 하면서 발전하기도 하면 이보다 더 좋은 일은 없지 않을까?

　우리는 시골에 사는 농부들이다. 누가 봐도 60이 넘은 나이에 이렇게 직접 즐기는 일을 만나면 쏘오옥 기쁨이 올라온다. 컴퓨터도 배웠고 세상도 비대면 시대로 접어들었는데 가만히 손 놓고 누가 챙겨주기를 기다리는 것은 한심한 일이다. 빨리 배워서 우리끼리 신나는 세상을 즐기면서 살아가자.

4

몽골여행도
공짜로 갑니다

클로이님은 내 블로그 선생님이다. 산에서 땀 흘리며 일하던 어느 날 전화가 왔다.

"허니제주님 바쁘세요?"
"아니에요, 말씀하세요."

손등으로 턱밑 땀방울부터 닦아낸다. 그늘진 천막 안으로 벌을 피해 들어간다. 한두 마리 기어코 쫓아와 윙윙거린다. 그렇다 해도 무슨 대수인가. 이미 열방도 쏘여봤지만 병원 안 가고도 거뜬하게 지낸다. 때때로 직접 쏘이고 올 때도 있다. 몸속에 있는 나쁜 독이랑 벌 독이랑 싸운다고 생각하기 때문이다. 내 몸속에 있는 벌독이 이기면 몸이 가뿐해진다. 손목도 가끔 아팠는데 꿀벌농사를 지은 후로 감쪽 같이 사라졌다. 이제는 놀러온 친구들이 한 방이라도 쏘여서 아파하면 한 방에 오천 원이라고 놀린다.

다시 전화 이야기로 돌아가보자. 클로이 선생님은 몽골여행을 가는 여행사에서 자리가 몇 개 남았는데, 블로거를 초청한다고 했다. 바빠서 갈 시간이 있느냐고 물어보셔서 하나도 바쁘지 않다고, 그리고 꼭 가고 싶다고, 몽골에 꼭 가서 밤하늘의 별을 보고 넓은 광야를 누비고 싶었다고 했다. 꼭 데리고 가달라고 오히려 부탁을 해댔다.

클로이 선생님은 서류에 들어가는 것들과 여권을 살펴서 준비해야 될 것들을 빨리 준비하라고 했다. 남편에게는 바쁘지만 꼭 가고 싶고, 그 사이 못한 일은 갔다 와서 더 열심히 할 거라고 통보했다. 그날 밤부터 설레기 시작했다. 눈 오는 몽골도 너무 가고 싶었고 푸른 잔디가 살아있는 여름은 더욱 가고 싶었다. 컴퓨터를 넘나들며 다른 사람이 써놓은 몽골 여행담을 보고 또 보았다. 게르에서 자보고 싶었고 말들이랑 밤을 지새워보고도 싶었다. 수학여행 가는 학생보다 더 설레며 기다렸다. 나도 갔다 오면 멋있는 리뷰도 써야지. 비록 숙제일지라도 여행은 즐거울 것이고 여행담을 쓰는 것도 신나는 일이었다.

옷가지 준비부터 한다. 바람막이는 기본이고 갑자기 추워질 수도 있으니 따뜻한 니트도 준비했다. 중요한 주민등록증과 여권을 챙기고, 핸드폰은 해외에서도 사용 가능하게 처리했다. 공항에서 일행들을 만나고 얼싸안고 춤을 춘다. 우리는 블로그로 만나고 친해진 사이다. 얼굴은 한 번도 보지 못한 사이였지만 사는 방식을 같은 제주도에서 지내는 사람보다 더 잘 안다. 거의 매일 글을 주고 받으니 말이다.

온갖 절차는 여행사에서 도와주고 나머지는 영어가 잘 되는 비키할멈이라는 블로그명을 가진 친구가 다 해주었다. 영어를 왜 열심히 배우지 않았었는지 후회가 되었다. 여행에서 돌아오면 영어를 한단어씩 배우려고 생각했지만 그때뿐이었다. 작심삼일은 세 번 이상 이어지지 않았다. 앞으로도 해외여행은 가려고 하는데 영어로 입국심사절차는 스스로 책임져야 되는 건 아닌지 생각하며 고개를 끄덕인다.

비행기 전체 인원을 다 한 여행사에서 채우는 전세기 여행이었다. 다 아는 사람들이니 얼마나 화기애애했을까? 아나나 다를까 첫 출발부터 사진을 찍고 간식을 먹고 술렁술렁 거렸다. 포도주와 캔맥주도 날랐다. 아쉽다 한 모금 마실 수 있었으면 얼마나 좋을까. 건강은 건강할 때 지키세요. 건강을 해치면 정말 알코올 한 모금이 고플 때 마실 수 없다는 것이 슬플 때가 있답니다. 속으로 말해본다.

몽골공항에 도착하자마자 높고 파란 하늘에 입이 벌어졌다. 제주도만 깨끗한 줄 알았더니 몽골공항 하늘은 아주 높았다. 식당에는 우리 쌀도 판다. 한국 음식이 그대로 나온다. 여기가 한국 식당인지 몽골 식당인지 깜빡할 때도 있었다. 덕분에 먹는 것은 실컷 먹었다. 한국에서 가져간 갓김치를 곁들여 먹은 고기는 정말 지금도 입맛을 다시게 한다.

국립공원 게르에서 잘 때는 밤마다 말들이 쓱쓱 풀 뜯어 먹는 소리가 정겹기까지 했다. 밤마다 떨어지는 별을 보려고 늦은 밤까지 초원에서 밤을 새웠다. 은하수를 본다고 높은 언덕에 올라가기도 했다. 잊을 수 없다 그 밤을. 카메라가 고성능이 아니라 만족할만한 은하수는 찍지 못했지만 가슴엔 멋진 은하수가 아직도 생생히 반짝거린다.

어느 중학교에 모아온 옷과 학용품 등을 전해주는 행사도 했다. 미리 돈을 보내고 게르를 준비해서 직접 만들어주는 체험도 했다. 한국의 60년대 정노의 생활을 하는 시골이었다. 지금 살고 있는 내집 집이 너무 고맙다고 느끼기에 충분한 체험이었다.

한편으로는 슬펐다. 강남 한복판에서는 빌딩이 너무 높아 고개를 쳐들어도 가까이서는 다 보이지도 않은 우리 삶. 그것도 모자라 자꾸 더 쌓아올리려는 사람들과 그것을 위해 속이고 속고 살아가기도 하는 오히려 불쌍한 사람들. 하아! 가슴이 아프다. 우리에게 고맙다고 사탕을 준비한 소녀 둘, 꼭 먹어야 한단다. 또 가슴이 먹먹하다. 몽골에서 깨끗한 공기와 높은 하늘에서 육체를 씻어 내렸다면 게르를 지어주고 받아먹었던 사탕 두 개에 욕심으로 채워지려는 마음을 씻어냈다.

여행은 참 많은 것들을 선사해준다. 경제적으로 더 많은 것들을 가진 사람에게 주눅 들지 않게 해주고 지금 삶에서 평화를 찾고 행복도 누리게 해준다. 고급호텔에서의 추억보다, 관광지에서 본 신기한 구경거리보다 게르를 지어주었던 그날의 소녀들이 잊히지 않는다. 난 천성 시골 농사꾼이다. 도시에서의 삶을 정당화시키려 해도 영 안되는 일인가 보다.

게르에서 생활하며 관광객들이오면 노래와 춤을 보여주고 자신들이 살아가는 방식도 소개하는 마을도 있었다. 그곳에서 제주도 쉰다리와 같은 음료도 먹어보았다. 우리 할머니들 방식이다

이윽고 몽골의 음악을 연주하는 시간이다. 악기를 연주하는 팀에서 대장으로 보이는 멋진 남자는 젊은 여자를 느긋이 바라보며 연주를 한다. 다른 여자들은 태연하게 자기 역할만 한다. 젊은 여자는 얼굴이 상기되며 눈을 마주친다. 후후 오늘 밤 데이트 신청을 하는 눈빛이겠다. 아마 다른 이들은 아무것도 눈치채지 못 하거나 알면서도

모른 척 하는 것일 수도 있겠다. 나 혼자서 왜 연애소설을 쓰고 있나. 그럼에도 그때의 그 장면이 아직도 눈앞에 아른거린다 정력이 넘치는 멋있는 남자와 소녀가 데이트 하는 장면이…. 괜히 내 얼굴이 달아오른다. 아담과 이브도 선악과를 따먹었을 때 상상의 부끄러움으로 나뭇잎 치마를 엮어서 가렸을까. 머리를 좌우로 몇 번 돌리면서 빨리 제정신으로 돌아오기를 기다린다. 이 글을 남편이 보면 어쩌나 싶은 걸 보면 나도 어쩔 수 없는 여자인 것 같다.

세상에 내가 몽골을 가보게 될 줄 누가 알았겠는가. 이렇듯 블로그를 열심히 하다 보면 신나고 재미있는 일들이 아주 많다. 꼭 경제적 이득만이 다는 아니다. 이런 인연을 어찌 만날 것이며, 가기 전에 글을 찾아보고 갔다 와서는 다른 사람에게 여행담을 글로 남기는 즐거움은 블로그가 없었다면 할 수 없었을 테다.

농사 지으면서 경제력도 챙기면서 어버이날 전야제도 누리고 몽골여행도 갈 수 있는 것은 블로그밖에 없다. 건강이 허락하는 한 끝까지 인터넷과 같이 살아가야지. 오늘도 나는 신께 기도한다. 이 좋은 것을 오래 누릴 수 있도록, 제발 건강하게 해달라고.

사랑만 남아라

기도상만 차리면 내 방도 성당이다
촛불이며 마리아상 그리고 동백꽃까지
일주일 기도를 해도 들어주지 않는다

동박새 다녀가야 동백꽃은 지는 거다
시든 꽃잎 떼어내려다 암술 하나 남았다
내 생애 물음표 같은 그 사랑만 남았다

5

산속의 디지털 노마드

나는 꿀벌농사꾼이다.

꿀벌들에게서 꽃 꿀을 먹이러 산으로 산으로 철마다 돌아다닌다. 꿀을 딸 때마다 동생의 시처럼 나는 단지 벌통을 꽃 옆에 놓았을 뿐 꿀을 훔친 건 벌들이라고 발뺌한다. 우린 자매 시인이다. 꿀벌에 대한 가슴 아픈 시도 곧잘 내뱉는다. 벌통 속 꿀을 가져오는 것은 그동안 잘 돌보아준 대가라고 생각하면서도 꿀벌들에게 미안해한다. 고맙다고 고백도 한다.

나는 꿀벌들과 꽃을 찾아 제주도 한 바퀴를 돌아다닌다. 산에서 지내는 시간 점점 많아진다. 시간을 아끼고, 시원한 바람을 맞으며 인터넷을 들여다보고 블로그를 하자면 산에서 인터넷을 해야 한다.

처음에는 핸드폰으로 포스팅했다. 해보니까 pc보다는 서툴고 활용할 수 있는 것들도 제한된다. 일을 끝내고 집에 와서 블로그를 쓰려고 컴퓨터에 앞에 앉는다. 그러나 밥을 먹고 따뜻한 차 한 잔 마시면 몸은 어느새 점점 뒤로 누워 자려고 한다. 아무리 잠을 물리치려고 해도 안된다. 오늘 하루쯤 쉬어도 누가 쫓아 와서 때리는 것도 아니고 벌금 낼 일도 없다. 쉬자, 자자, 내일 하자. 그렇게 사나흘을 건너뛰기도 한다.

방법을 달리 해야 한다. 이러다가는 블로그도 같이 잠자려고 할 것만 같다. 먼저 핸드폰이랑 연결해서 사용하는 키보드를 샀다. 인스타그램은 핸드폰으로 할 수 있으니까 편리하다. 페이스북도 긴 글을 안 쓰니 핸드폰으로 한다. 문제는 블로그이다. 키보드를 사용해서 해 보았다. 처음엔 잘되는 것 같더니 쉽지가 않고, 괜히 키보드 사는 돈만 날렸다는 생각이 든다.

아쉬운 대로 방법을 찾았다. 산에서 포스팅 할 글의 70%로는 핸드폰에서 작업하고 자세한 내용만 집에 와서 다듬는 절충안이다. 시간은 얼마 걸리지도 않는다. 현장에서 글을 써 놓으면 그때의 기분을 자세하게 적을 수도 있다는 장점도 있다.

그 과정을 좀 더 자세히 말하자면 먼저, 핸드폰으로 사진을 찍는다. 블로그 글쓰기에 들어간다. 제목에 대표사진을 먼저 넣고 제목을 대충 적는다. 본문에 넣을 사진을 주루룩 넣는다. 사진 간격을 띄우고 사이사이에 사진에 대한 글을 쓴다. 혹 동영상을 넣을 때는 동영상에 내용을 꼭 적어놓는다. 저장을 누른다. 동영상이 있으면 시간이 좀 걸린다. 그냥 놔두고 일을 하거나 돌아다니다 와보면 임시저장이 된다.

그대로 집으로 와서 컴퓨터를 켜고 블로그에 들어간다. 임시저장한 글을 불러온 뒤 지도를 넣고 제목을 다시 다듬고 본문내용을 조금 보충하고 등록하면 끝이다. 스마트스토어 주소도 빼놓지 않고 링크로 불러온다. 이런 것들이 핸드폰에서는 아직 서툴다. 하지만 계속 핸드폰으로 포스팅하는 방법을 익혀야한다. 방법은 있는데 아직 서

푸른 것들이 많아 끊임없이 배워야 한다.

이렇게 블로그 포스팅 작업도 시간을 산에서 할 수 있게 되었다. 꿀벌들 돌보다가 쉬는 시간에 해도 되고 점심 먹고 한숨 자는 자투리 시간에 해도 좋다.

새벽 숲속 공기에 반해 새벽부터 산속으로 가고 새소리가 너무 좋아 새벽에 산으로 간다. 특히 여름에는 집에 있기가 싫어진다. 뽀송뽀송한 산 공기를 만나러 산으로 산으로 들어간다. 아예 낮잠도 자려고 작은 면이불도 준비한다. 음악을 들으며 푹 잠에 빠진다.

낮잠 자는 시간만큼은 서로 방해를 하지 않는다. 많이 자서 한 시간이면 저절로 눈이 떠진다. 상쾌하다. 에어컨 바람은 차갑고 선풍기 바람은 약한 듯해서 가끔 손님들이 와서 낮잠 자는 건 꿈도 못 꾸지만 산 속에서는 다르다.

이제 산은 내 삶의 중요한 조각이 되었다. 산에서 블로그나 sns를 할 수 있게 되면서 집에 와서 하는 일이 줄어들었고, 산에서의 낮잠을 즐기게 된 이후 새벽부터 일어나도 투정 부리는 일이 사라졌다. 그래서 나는 산이 좋다. 그리고 나는 지금, 아주 만족스러운 산속생활을 즐기고 있다.

part 4

블로그로 소통의 힘을 더하다

1

블로그는 내 신용장

블로그는 인터넷상의 주민등록증이다. 얼굴도 안 보고 누구인지도 모른다면 누가 나한테 덜컥 몇만 원에서 몇십만 원을 먼저 주고 물건을 살려고 할까.

스마트스토어는 네이버에서 철저하게 검증하고 마켓을 열어 주기 때문에 소비자도 안심하고 들어와서 물건들을 구입한다. 만약 스마트스토어가 없다면 무엇으로 소비자가 나를 믿게 만들까? 그 방법 중 하나로 인터넷 안에서 친구들을 만드는 것을 꼽는다. 그중에서도 나는 블로그가 친구 만들기에 제일 좋다고 생각한다.

감귤농장에서 감귤 꽃을 찍어서 올리고 풋귤이 커가는 모습을 올린다. 교육받는 영상도 올리고 밥 먹는 사진도 올린다. 꿀벌들이랑 꽃 찾아 제주도 한 바퀴를 돌며 땀 흘리는 모습, 벌들이 꽃가루를 다리에 묻혀 들어오는 모습들을 알린다. 나의 모든 것을 불로그로 알린다. 이웃들은 댓글로 친해지고 제주도에 올 때면 집으로 오셔서 차한 잔 나누기도 한다. 벌꿀집을 들여보내기도 한다. 깜짝 이벤트도가끔씩 연다. 링크도 안 달아도 되고 후기를 안 써도 되는 간단한 이벤트이다. 포스트 중간에 힌트가 있는 질문을 보고 답을 댓글로 달면된다. 어렵고 부담이 되는 건 나도 귀찮다. 또한 조금을 주고 많은 것을 바라는 이벤트는 정말 싫다. 내가 싫으니 다른 사람들도 싫겠지.

무조건 내 농산물로 이웃들과 나누어서 먹는다. 채소를 받고, 유채꽃 모종을 받고 좋아하는 그들의 모습이 눈에 선하다. 하느님은 너무나 많은 자연으로 나를 기쁘게 한다. 나도 조금이라도 남을 기쁘게하고 싶다. 더구나 나를 수시로 보려고 블로그를 찾아주는 이웃들에게는 조금이라도 더 챙겨주고 싶은 마음이다.

같이 블로그를 운영하는 친구는 들인 노력이 아깝지 않느냐고, 그만하라고 한다. 육지 사람늘은 받기만 하면 언제 다시 보겠냐며 손해라고 한다. 그러나 난 아니라고 한다. 얼굴도 모르고 누군지도 전혀 모르는 사람들을 꾸준히 챙기고 돕는다. 나에게 찾아와주는 이웃들에게 나누는 일은 분명 기분 좋은 일이기 때문이다.

어느 일요일에는 제주도로 직장을 옮긴 마야라는 젊은 친구가 딸

둘을 데리고 과수원으로 왔다. 마야는 블로그를 운영하며 알게 된 이웃인데 직장 때문에 수시로 이사를 다닌다고 했다. 정착지가 없으니 사람도 깊게 사귀지 못할 것 같다는 생각이 들었다.

차를 대접할까, 밖에서 식사를 대접할까, 무엇으로 기쁘게 해줄까 고민하다 삼겹살 파티를 해야겠다는 생각이 들었다. 딸들에게는 할머니 집밥을, 마야에게는 친정어머니의 밥을 해주면 되겠다. 무조건 집밥을 먹여야지. 서둘러 돼지고기를 사고 텃밭에서 갓 따온 상추와 쌈채소를 씻었다. 반찬은 김치, 양파와 마늘 장아찌, 마늘 고추장, 된장이 전부다. 감귤 따기 체험하라고 감귤 따는 법을 가르쳐주고 먹지는 말라고 했다. 감귤로 배부르면 고기를 먹지 못한다. 좁은 부엌에서 구워주고 아이들은 먹었다. 난 지금 외할머니야, 친정엄마야 속으로 나랑 이야기한다.

타향살이가 허한가 보다. 많이도 먹는다. 먹는 모습을 보며 뿌듯하다. 다른 블로거들이면 고기 먹는 모습, 감귤 따는 모습을 사진으로 찍어 블로그와 인스타그램에 올리는 등 수선을 떨 것이 분명하지만 나는 블로그에도 인스타그램에도 사진 한 장 올리지 않았다. 아니 처음부터 그러지 말자고 내가 나를 다독이며 거절했다. 그러지 말자. 사람을 사귀자. 이런 마음가짐으로 블로그를 운영한다.

사실 블로그를 운영하고 인터넷으로 직접 물건을 파는 일에 좋은 점만 있지는 않다. 때로는 전혀 모르는 분들에게 보낸 감귤이 터져서 배달될 때도 있다. 욕을 한 바가지로 듣고 가격을 내리거나, 하도 자존심이 상하면 반품을 받기도 한다. 오며가며 택배비와 감귤이 시들어서 버리게 된다.

그러나 반대로 가슴 따뜻해지는 이야기도 만난다. 한번은 꿀을 주문한 분께 남편도 꿀을 보내고 나도 보냈다. 불행 중 다행으로 블로그로 아는 사이였기에 '꿀이 두 번이나 왔어요. 택배 기사한테 반품을 받으라고 해주세요.'라는 쪽지를 받았다. 코로나와 추석 전이라 택배가 정신이 없으니 조금 조용해지면 해결한다고 하고 한참을 지냈다. 결국엔 블로그 이웃이 추석 선물과 함께 택배로 부쳐 주었다. 집에서 먹을 것을 많이 주문했기 때문에 더 사주지 못해서 미안하다는 말과 함께였다. 너무 고마웠다. 다음엔 뭐라도 보내드려야지 하며 벼르고 있다.

이처럼 블로그란 사람과 사람 사이를 부드럽게 해준다. 클레임이 오더라도 서로 손해 보지 않는 선에서 기분 좋게 해결되기도 한다. 그렇다. 살아갈수록 온갖 지식. 멋짐, 화려함보다 더 빛나는 것은 진실이 담긴 마음의 글들이다. 꾸밈이 없이 나를 내보이고 서로 통하는 사람끼리 도우며 살아가는 게 좋다.

지금도 앞으로도 블로그는 나의 신용장이다. 인터넷상의 주민등록증이다. 더 좋은 사람들과 좋은 것을 나누기 위해 나는 글을 쓰고, 그들과 참다운 인연을 맺어갈 것이다.

2

복잡하고 어려운
블로그는 사절합니다

계속 블로그 이야기만 해서 헷갈릴 수 있지만 나는 블로거가 직업이 아니고 농사가 직업이다. 아침 일찍 꿀벌농사를 지으러 산으로 간다. 점심을 준비해야 하고 간식도 챙겨야 한다. 택배가 있으면 전날 저녁부터 준비를 한다. 요즘은 세상이 좋아져서 택배주소도 이메일로 보내고 포장해서 차곡차곡 창고에 정리해서 놓으면 택배기사분이 가져간다. 송장은 책상 위에 올려놓는다. 시스템이 잘 갖춰진 덕분에 일하기가 한결 수월해졌다. 그전에는 헐레벌떡 택배 보내러 돌아다녀야 했다.

일이 일찍 끝나면 두세 시쯤 집에 온다. 정리하고 빨래하면 저녁 시간이다. 이렇게 바쁘게 돌아가는 농사꾼이 블로그를 운영하기란 사실 쉽지 않다. 더더군다나 처음부터 어려우면 아예 시작도 못 한다.

그렇다면 블로그를 어떻게 시작하는 것이 좋을까? 내가 해보니 3개월은 아주 쉽게 나가는 것이 중요한 팁이다.

처음 했을 때는 사진도 못 올리고 글만 써서 포스팅을 했다. 그다음엔 컴퓨터 바탕화면에 있는 사진을 끌어와서 사진 밑에 글을 두세 줄씩 올렸다. 블로그 선생님이 그렇게 가르쳐 주셨다. 이후로 한 달은 사진 10장 내외에 글은 사진 밑에 두세 줄 넣는 형식으로 포스팅 했다.

이 과정에서 어려웠던 것은 카메라에 있는 사진을 컴퓨터에 저장하고 그 사진을 블로그에 올리는 작업이었다. 컴퓨터 작동부터가 어려운 65세 컴맹은 슬펐다. 컴퓨터를 자유자재로 움직이는 사람들이 제일 부럽다고 늘 말하고 다녔다. 지금도 마찬가지다.

그러나 사진 올리기는 큰 난관이 아니었다. 이후로 계속 컴퓨터와 인터넷을 배워나가자 온갖 다양한 방법들이 더 나타나기 시작했다. 나는 점점 더 어려워지기 시작했다. 예쁜 캐릭터를 사고 가져오는 일, 글자에 링크를 다는 일, 위젯을 만드는 일, 블로그 대문을 더 예쁘게 꾸미고 이웃들에게 잘 보여야 하는 일 등 날이 갈수록 더 배울 게 많아졌다. 하나 배우면 새로운 것 두 개가 나타나고 그것을 다 익히기도 전에 또 다른 기능들이 자꾸 나온다.

어느 날 나는 작정을 했다. 블로그에 사진과 동영상을 올리고 글 쓰는 것만 하리라. 어떻게 새로운 기술들을 다 익힐 수 있을 것인가! 익힌 기술들을 모두 블로그에 사용한다면 블로그는 완전 복잡한 난장판이 될 것이다. 이렇게 생각을 바꾸니 맘이 편해졌다. 이후로 지금까지도 내 블로그에는 복잡한 기술이 사용되지 않는다. 단순하다.

어떤 사람은 블로그를 배워서 6개월이 되기도 전에 광고를 넣는다. 얼마 되지도 않는 광고료를 받으려고 한다. 그러나 나는 아직도 광고를 달지 않았다. 내 글들을 읽다가 광고를 보게 되면 내 글이 과연 잘 익힐까, 분산되지 않을까 하는 염려 때문이다. 무슨 대단한 글도 아니면서 그런 고민을 하느냐고 할 수 있겠지만, 이것이 나만의 블로그 운영방침이다. 광고로 벌어들이는 액수가 아주 많으면 모를까, 한 달에 치킨 한두 마리 값이라면 난 포기하련다.

농사 이야기, 교육 받는 이야기, 한라산과 꿀벌 이야기, 지칠 때 가끔씩 가는 바다 이야기, 친구들과 분위기 있는 카페에서 스트레스 푸는 이야기, 책을 읽고 내 느낌을 쓰는 이야기까지…. 이런 일상의 소소한 글을 올리는 블로그에서 광고가 불쑥 튀어나오는 건 내가 싫다.

요즘은 핸드폰으로 사진을 많이 찍는다. 이 점에 주목해서 블로그란 것도 모르는 성당친구에게 포스팅하는 법을 가르쳐주는 노하우를 소개한다.

가장 쉽게 블로그를 쓰려면

1. 핸드폰으로 사진을 찍고
2. 핸드폰에서 블로그에 사진을 올리고
3. 임시저장 한 다음
3. pc로 들어가서 글을 쓰면 아주 쉽게 할 수 있다.

처음 한 달은 글을 많이 쓰려거나 사진을 잘 찍으려거나 남을 의식하지 말아야 한다. 컴퓨터와 친해지는 과정이므로 블로그에 들어가고 나오거나 사진을 올리고 방법 등을 익히라고 한다. 글을 쓰고 사진을 올리는 게 익숙해지고 습관화 되면 그다음에는 블로그 프로필, 위젯설치, 카테고리 설정하는 법 등을 배워 부족한 곳을 보충하고 블로그 대문도 꾸미라고 한다.

한꺼번에 모든 것을 가르치려고 하면 배우는 사람은 과부하가 걸리기 마련이다. 보통 기술센터나 기술원에서 해주는 교육은 3~4일 동안에 다 가르쳐 주려고 하니 어렵고 복잡하다. 교육동안에는 어찌어찌하다가 교육이 끝나면 엄두가 나지 않아 그만두게 된다.

주위에 먼저 배운 친구가 있으면 3개월은 수시로 만나서 모르는 거 한두 가지를 물어가며 배우면 좋다. 한 달 정도만 지나도 스스로 더 잘하고 싶어지고 다른 블로그를 보며 저런 것은 어떻게 하는 거지? 라는 질문을 하게 된다. 가끔씩 댓글로 내 블로그에 관심을 가지는 이웃들을 보면 신나서 더 잘하고 싶어지기도 한다. 댓글과 공감이 원동력이다. 이때부터는 블로그에 재미를 들여가는 단계다. 일로 생각하고 억지로 하면 할 수 없다. 재미있고 새로운 사람들을 컴퓨터 속에서 사귀고 여기에 감귤 한 박스, 꿀 한 병 씩 주문이 들어오기 시작하면 더욱 신나게 블로그를 할 수 있다. 자신이 지은 농산물을 직접 운영하는 블로그로 통해 팔기 시작하면 이제는 그만두라고 해도 그만둘 수가 없게 된다.

60세에 블로그를 시작하고 지금은 70세가 다 된 선생님도 아직 블로그로 간장, 된장, 고추장 등을 만들어서 파신다. 글도 간단하고 사진도 많이 올리지 않는다. 살림살이가 아주 예쁘고 깨끗하다. 맛있고 건강한 음식을 만드신다. 블로그를 통해 집안이야기를 나눈다.

처음부터 음식을 팔았던 것은 아니었다고 한다. 그저 만드는 방법을 블로그에 올려 알리기 시작했는데, 집안일에 서투르거나 직장을 다녀서 살림할 여유가 없는 이웃들이 사고 싶다고 해서 팔기 시작했단다. 지금은 외국 유학까지 다녀와 고급스러운 식당을 운영하는 아들도 합류해서 두 집안이 함께 블로그 생활을 한다. 책도 세 권이나 냈다.

블로그는 어렵다고 생각하면 도전도 못 해보고 포기하게 된다. 무조건 쉽게, 간단하게, 재미있게 습관을 들여보자. 내 블로그도 처음 배울 때 쓴 글을 보면 부족한 점이 보여 얼굴이 화끈거린다. 그럼에도 불구하고 꾸준히 멈추지 말고 꾸려 나가다보면 끝장을 반드시 보게 될 것이라고, 해피엔딩이 찾아올 것이라고 나는 생각한다.

농사일도, 걷기 운동도, 블로그 운영도 꾸준함이 중요하다.

3

인스타그램으로
인사하고

"인스타그램의 장점은 무엇인가요?"

선생님께 여쭈어보았다. 여러 가지가 있지만 이해하기 쉬운 답은
'빠른 소통과 문의가 가능해서 관계형성이 쉽다'였다. 젊고 예쁜 사람
들만 하는 거라고 생각하고 생각해서 계정만 만들어 놓고 일 년을
쉬었다. 사진으로 소통하는 SNS라서 농사짓는 사진은 안 될 거라고
미리 새침해졌기 때문에 방치하게 됐다. 그러던 어느 날 갑자기 인스
타그램이 빠르게 퍼지기 시작했다.

지금도 인스타그램은 보기 좋은 사진이 많은 관심을 받는다. 그
래서 농부도 사진을 잘 찍는 것이 돈 버는 데 도움이 된다. 세상이
완전 변해가는구나! 우리 어릴 적에는 졸업사진 증명사진, 결혼사진

을 찍을 때 사진관에 가서 찍거나 출장을 부르고 찍었는데 말이다.

핸드폰으로 사진 찍는 교육이 있어도 작은 것으로 찍고 정리하는 게 복잡하게 느껴져 소홀히 했다. 주위에서 부추긴다. 배워야 해, 블로그를 하는 사람은 인스타그램도 하면 도움이 된다고 자꾸 손을 잡아당긴다. 그래 배워보자 어렵다는 블로그도 하는데 인스타그램 쯤이야 쉽게 할 수 있겠지 하고 덤벼들었다.

그럼에도 자만은 금물이다. 인스타그램은 알아갈수록 기능도 많고 제대로 하려면 하루 세 번 올려야 한다고 한다. 쉬운 만큼 상대방에게 도달하지 않으면 묻혀버리기 때문이다. 묻히면 보이게 만들면 된다. 요즘이 어떤 세상인가? 인스타그램에 해시태그가 등장한 이후 해시태그로 소통하고 지나가버린 피드를 찾아내서 서로를 알아가는 시대이다. 궁금한 사람을 찾아내고 필요한 물건들을 찾아낸다. 여기서 더욱 발전하여 인스타그램 사진에다 자기가 파는 상품을 올리고 터치하면 바로 상품을 구매할 수 있는 상세페이지로 넘어간다.

신세계가 오고 있다. 언제 어디서든 인스타그램을 통해서 사람을 만나고 물건을 사고 예쁜 카페를 찾아 차를 마시러 다닌다. 맛있는 식당을 찾아낸다. 멋있는 사진을 찍을 수 있는 곳이면 어디든 차를 타고 달려간다. 자신을 알리고 상품을 알리고 책을 쓰면 책도 홍보할 수 있다. 소비자가 무엇이든 궁금한 것을 검색하면 해시태그 아래에 놓인 방대한 정보가 몇 초 안에 나타난다.

연예인, 그룹의 회장들도 인스타그램에 자신을 내보이며 회사를 홍보한다. 그럼 나도 잘해보아야겠다는 용기가 생긴다. 감귤과수원에서 잡초와 씨름하는 것도 올리고 꿀벌들 내검 하는 일도 올린다. 열심히 진행한 지 한 달도 안 돼 감귤 5킬로그램을 판매하는 사진을 한 장 올렸다. 이윽고 첫 번째 문자가 왔다.

'인스타그램에 올린 감귤을 살 수 있나요?'
'예. 주소와 이름과 수량을 적어주세요.'

나는 고맙다는 인사와 계좌번호를 올린다. 10분 안에 감귤을 팔았다. 주문자의 주소는 메일을 통해 택배회사로 전해지고 감귤을 포장해서 창고에 놔두면 우리농산물이 서울로 간다. 이렇게 간단하고 좋은 일을 왜 안 하는지 이해가 되지 않는다.

물론 농사를 지으며 이것저것 SNS를 운영한다는 것은 힘이 든다. 그렇지만 내가 하던 SNS 중에서도 제일 빠르게 농산물을 팔고 나를 알리는 것이 인스타그램이었다. 판매하고 싶은 물건을 올리기만 하면 된다. 실제로 '제주000'이라는 이름의 이웃은 인스타그램으로 감

Instagram

Q 검색

honeyjeju_010_2234_5611 **팔로우**

게시물 216   팔로워 1,221   팔로우 684

허니제주천연꿀, 감귤, 풋귤, 한라봉
♡한라산에서 🍊감귤농사,🐝꿀농사,🍊시농사를 짓고
있어요.
네이버 블로그(김인순의허니제주)
스마트스토어(김인순의허니제주)
네이버밴드(VIP허니제주할인매장)
#감귤꽃꿀 #때죽나무꿀 #제주들꽃꿀 #밀랍 #로얄제리 #화분#풋귤
naver.me/xjNxdthk

하이라이트   하이라이트   하이라이트

허니제주의 인스타그램에도 놀러 오세요,

귤, 풋귤, 비트, 초당옥수수, 키위 등 주위에 있는 농산물을 싹 팔아
치운다.

더군다나 인스타그램은 아주 적은 금액으로 홍보도 할 수 있고
블로그에도 도움이 된다. 인스타그램에 블로그 주소를 링크 걸어놓
으면 '인스타그램 프로필로는 이 사람을 제대로 잘 알 수 없을 것 같
아'라고 생각하는 사람들이 바로 블로그로 들어올 수 있다. 이 사람
이 진정한 농사꾼인가를 블로그를 통해서 볼 수 있다. 블로그에서는
댓글로 소통하며 금방 친해진다. 이미 인스타그램으로 알았고 블로

그에 올린 글로 내 이야기를 알기 때문에 친해지는 것은 금방이다.

더 좋은 일은 네이버스마트스토어 주소도 링크해놓으면 곧바로 스마트스토어로 가사 상품을 구입할 수 있다는 것이다. 이처럼 인스타그램에서의 거래는 스마트스토어나 다른 온라인마켓을 통해서 이루어진다. 그 단계를 거치다 보면 상품과 사람을 완전히 일체가 되어 소비자에게 솔직하게 다가설 수 있게 된다. 이러한 매력에 나는 오늘도 인스타그램 전도사가 되어간다.

4

페이스북으로
팬을 만듭니다

시골에서 농사짓는 사람도 국회의원도 시인도, 화가들도 페이스북에 들어온다. 집 안에서든, 농장에서든, 산에서든 페이스북을 통해 전국에 있는 사람들이 생활하는 모습을 실시간으로 볼 수 있다. 다양한 사람들의 살아가는 모습들을 보는 것뿐만 아니라 상품을 홍보할 수도 살수도 있다. 친구는 5,000명까지 사귈 수 있다.

처음 페이스북을 배울 때는 친구를 많이 사귀려고 무턱대고 하루 이십 명씩 친구를 늘려갔다. 3,000명이 되었을 때부터 이상한 사람들이 보이기 시작했다. 외국인들이 들어오기 시작하고 예쁜 아가씨들이 이상한 글을 자꾸 달아 댓글을 복잡하게 만든다. 아는 친구가 보면 어쩌나 싶은 내용이 담긴 댓글이다. 서둘러 지우면서 얼굴이 화끈거린다.

외국인들은 자꾸 친구하고 지내자면서 '안녕하세요? 아름다운 누구누구 씨'라는 댓글을 달기 시작했다. 아무리 거울을 봐도 결코 아름다운 얼굴은 아니다. 댓글을 지우고 친구 삭제를 계속한다. 아가씨들과 외국 사람들을 우선 삭제했다. 그다음엔 정치색이 너무 강한 분들을 삭제했다. 뉴스도 보고 싶은 것만 가려 보는 세상에 반대성향인 친구들이 하는 정치이야기를 페이스북에서까지 볼만큼 나는 한가하지도 않고 인내심도 없다. 다음은 너무 종교색이 짙은 친구들을 가려낸다. 나도 가끔씩은 종교이야기를 하지만 종교에는 자유가 필요하다. 그래서 하나의 종교 이야기만 자꾸 보고 있으면 거북하다.

처음 페이스북을 시작했을 때는 친구를 늘리기 위해 달렸고 곧이어 친구들을 거절하는 데 한참이 걸렸다. 이윽고 나와 비슷하거나 같은 성향을 가진 사람들과 사귀기 시작했다. 농사짓는 농부들, 시를 좋아하거나 시인들, 그림을 그리는 화가들 자연을 아끼고 보호하는 사람들이다.

처음부터 페이스북을 통해서 농산물을 팔려는 생각은 안 했다. 하루하루 잠깐씩 들여다보며 나보다 힘든 사람을 보면 같이 위로의 댓글로 응원하고, 좋은 시를 읽으며 좋아했다. 나와 비슷한 사람들을 보며 나도 유별나지 않은 보통사람이구나라는 생각에 위로를 받는 곳이 페이스북이다.

지연이라는 나보다 열 살 아래인 친구가 있다. 하루에도 4, 5회씩 살아가는 이야기를 쓴다. '오늘은 식당에 손님이 없네요.', '오늘은 8명이 소주 8병에 음료수 8잔을 마시고 각자 계산하고 나갔네요. 안주는 하나도 안 시켜서 속이 상했네요.', '계란말이에 국수를 시켜서 막걸리를 맛있게 드시고 가셨네요.' 어떤 날은 '젓갈은 누구네 걸로, 소금은 어디에 있는 간을 뺀 걸로 나박김치를 맛있게 담았었어요.' 하며 김치 사진도 올라온다. 이렇게 시시콜콜 다 이야기를 써 올린다.

그러다 코로나가 닥쳐왔다. 손님이 안온다고 울상이라고 하소연한다. 조금 있으면 정상적으로 돌아오겠지 서로 위로들 한다. 그러나 상상과는 달리 코로나는 지속되고 지연이네 식당이나 다른 음식점들도 난리가 났다.

그러거나 말거나 지연이는 오늘은 한가해서 알타리김치를 담았고, 참외장아찌도 만들고 오이장아찌도 만들었다는 글을 올린다. 글을 읽은 한 직장인 엄마가 김치하고 참외장아찌를 팔아달라고 부탁한다. 지연이는 ok 한다. 이를 시작으로 다른 사람들도 김치를 팔아달라고 난리다. 100%로 우리나라 재료만을 사용해서 만든 김치이다. 누구네 소금과 아무개네 젓갈을 사용했다고 원재료 주인까지 다 까발렸으니 인기가 대단했다.

친구를 사귀며 소통하고 위로를 받고 있던 지연이의 페이스북에는 식당에 손님이 없다는 이야기에 이어 김치를 담그고 나눔을 했다는 이야기가 올라오더니 이윽고 음식으로 줄어든 매출을 김치가 대신 메꾸는 것으로 이어졌다. 그렇지만 지연이는 고달프다고 했다. 언제나 태산이 무너져도 씩씩할 것 같았던 사람이 무너져 내리기 시작했다. 무릎이 아파서 일주일간 치료를 받겠다고 한다. 이웃들이나 나는 한마음으로 지연이를 걱정했다.

일주일 후 당당하게 페이스북에 나타났다. 귀농을 결심했단다. 시골에서 농사를 지으며 김치장사를 하려고 귀농할 곳을 정하고 왔단다. 우하하하하! 우리들은 다 박수치며 응원했다. 우리 고장으로 오면 잘해주겠다고 장소를 바꿀 수 없느냐며 자기 마을로 오라는 곳도 있었다. 지금 지연이는 하던 식당을 정리하며 귀농 준비를 하고 있다. 가까운 곳에 있는 사람들은 더 늦기 전에 일부러 식당에 들러 인사차 다녀갔다. 페이스북으로 우리는 끈끈한 정을 나누었고 지금도 진행 중이다.

페이스북을 상품 홍보만 하고 이상한 사람들이 심심풀이로 글을 올리는 곳이라고 오해하는 사람들이 많다. 물론 페이스북에도 감귤을 판다고 하거나 꿀을 판다고 하면 문자로 주문이 들어올 때도 있다. 정말 마케팅 도구로 사용하는 사람들도 많고 페이스북 회사도 그것을 바라고 있다. 그러나 어쩌겠나, 이용자 모두가 물건을 팔기만 할 수는 없지 않은가. 사람이 모이는 곳에는 정이 생긴다. 지연이의 이야기처럼 우리는 서로 위로하며 응원하며 살아가는 친구들을 페이스북에서 사귈 수 있다. 4,900명에 달하는 내 친구 모두가 내 글을 봐주지는 않을 것이며, 또 반대로 내가 그 많은 친구들의 글을 다 볼 수는 없다. 그럼에도 누구나 자유롭게 속 이야기를 털어낼 수 있는 페이스북은 내가 좋아하는 사람들과 교류하며 살아가기 위한 소통 창구로는 아주 좋다.

또 페이스북의 결정적인 장점은 블로그와 연결된다는 것이다. 블로그에 글을 쓰고 링크를 복사해서 페이스북에 붙여넣기 하면, 블로그로 사람들이 들어와서 블로그에 머물며 내 글을 읽고 다른 글들도 읽어준다. 인터넷에서 사람들은 여러 경로를 통해 내 블로그에 들어오는데, 이렇게 사람들을 블로그로 유입시켜주는 사이트가 20개 정도 될 때 페이스북을 통해 들어오는 사람 비중이 15%까지 올라갈 때도 있다. 물론 1%도 없는 날도 있으나 대체로 페이스북을 통한 블로그 방문은 꾸준히 있다.

인터넷은 거미줄같이 엉켜있어서 이곳저곳 사이트를 운영하면 서로 간에 상호작용이 생겨 확실히 도움이 된다. 고로 페이스북도 아주 중요하다. 가능하다면 여러 사이트를 운영해서 사람들이 보다 다양한 경로로 내 글에 접근하도록 발판을 마련하는 것이 좋겠다.

5

결국엔 블로그와
인터넷이 정답입니다

나는 블로그를 인터넷 상의 정거장, 터미널, 공항이라고 표현한다. 블로그를 7년 동안 운영하다 보니 농사 외에 블로그로 돈을 벌어 보고 싶은 생각이 든다. '뭐야, 그렇게 블로그를 열심히 해도 농산물을 파는 용도로만 운영을 한다면 세월이 너무 아깝지 않아?'라는 생각이 갑자기 훅 밀쳐 들어온다. 블로그 이웃들을 보면 광고료를 받는다. 원고를 써주고 돈을 번다. 또 체험단에 신청하면 살림살이에 많은 도움이 된다고들 한다. 나도 해볼까?

사실 체험단은 그리 썩 내키지 않는다. 내 농산물을 홍보하는 일만 해도 과분한데 다른 사람 물건까지 구구절절 쓰고 싶지는 않다. 마케팅에 접목을 시키면 체험이 아니라 글로 쓰고 홍보한다면 약간 다른 느낌일 거라는 생각이 들었다.

인터넷을 돌아다니다 '국제디지털노마드협회'라는 곳을 찾아냈다. 그곳에는 블로그원고작가 자격증반이 있었다. 협회 대표님께 의논을 했다. 블로그작가는 어렵다고 한다. 블로그 글 하나를 쓰기 위해 세 시간도 걸린다고 한다. 그래도 해보자. 완벽하지는 않아도 발전하는 것은 분명하기 때문이다. 뭔가 앞으로 나가야 할 핑곗거리가 생기는 거다.

강의료도 만만치 않고 실습하는 시간을 포함해 자격증이 나오기까지는 거의 3개월이 걸린다. 그래도 괜찮다. 3개월 동안 긴장하며 글을 쓰고 배우는 시간이 될 수 있으니 말이다. 중요한 것은 같이 공부하는 팀원끼리의 소통이다. 나는 대개 30~50대 연령의 사람들과 같이 공부한다. 그중에서도 50대는 그나마 나이가 많은 편이라서 사람도 아주 적다. 3,40대가 80%이다. 젊은 사람들과 같이 공부한다는 건 축복이다. 이러니 컴퓨터를 배우고 블로그를 배우며 유튜브에 도전하는 게 신이 날 수밖에 없다.

농사만 지었다면 여느 때처럼 친구들과 깔깔거리며 감귤을 따고 스트레스를 날려버리는 가을이었을 테다. 그러나 지금은 블로그원고작가 강의를 끝내고 실습하는 중이다. 실습을 따라가기도 벅찬데 책을 쓰는 기간과 맞물려 힘든 시간을 보내고 있다. 그래도 그만둘 수는 없다. 블로그를 손에서 놓지 않고 재미있게 하려면 나를 업시키는 일을 계속해야 하기 때문이다. 그렇게 강의를 듣는 기간 동안 숙제하고, 쓰고, 같이 공부하는 팀과 서로 위로하며 땀 흘리는 3개월을 보냈다.

유튜브도 인스타그램도 페이스북도 할 줄 알지만, 블로그만큼 자신을 정확하게 알릴 수 있고 언제든지 다양한 곳에서 사람들을 소환할 수 있는 채널은 없다고 생각한다. 유튜브에도 블로그 주소를 링크 걸고, 인스타그램에도 링크를 단다. 결국엔 모두가 블로그로 들어온다. 페이스북도 마찬가지다.

인터넷에서 블로그는 터미널처럼 모든 채널이 모이고 나가는 곳이다. 그러니 더 집중하고 발전시키는 것이 맞다. 때때로 공항도 분위기를 바꾸고 터미널도 새로운 인테리어를 하며 보수하며 손님들을 맞는다. 블로그를 운영하며 나아지려고 노력하는 것은 당연한 일이다. 기계치인 나로서는 기술로 달라지는 게 어려우니 다른 것으로 나아지려고 한다. 글로, 감성으로, 스토리로 더욱 이웃들과 친해지려고 한다.

또 하나의 소득이 더 있다. 블로그원고작가 팀과 같이 공부하며 줌(Zoom)에도 많은 관심을 가지게 된 것이다. 비대면 시대가 왔으니 내 강의도 학원도 회의도 더구나 종파티도 줌으로 한다. 아마 조금 지나면 주부들이 줌으로 수다 떨며 스트레스를 푸는 날이 곧 오겠지.

우리팀만 해도 벌써 정기적으로 서로의 사업들을 줌으로 의논하며 실습도 해보고 피드백을 해준다. 코로나가 꼭 손해만 주는 것은 아니다. 많은 곳에서 다양한 사람들이 번거로운 과정을 건너뛰고 인터넷 세상으로 들어가고 있다. 디지털 노마드도 점점 많아진다.

블로그를 열심히 하는 것도 다른 채널들을 블로그로 모이게 하는 작업들도 어쩌면 디지털 노마드로 살기 위한 과정들이다. 결국엔 블로그와 다른 채널들에 사람들이 모이고 나가고 하는 과정을 거쳐 수익을 낼 수 있게 될 것이다. 이 흐름을 꽤나 명확하다. 그러므로 세계 어느 곳에서나 자신의 경제를 책임질 수 있는 디지털 노마드로 살아가기 위해 나와 우리는 공부를 계속하는 것이며 해야 할 것이다.

6

꾸준함의 힘

나는 컴퓨터를 한 번도 배워보지 못했다. 부끄러운 이야기지만 아직도 손가락 두 개로 자판을 두들긴다. 상상해보라. 손가락 두 개로 자판을 두드리며 원고를 쓰다니! 말도 되지 않지만 사실이다. 영어로 메일을 치려면 한참 걸린다. '음, n이 어디 있지?', '그 다음엔 a가 어디쯤 있더라?' 아직도 헤맨다. 그만큼 했으면 좀 익숙해질 만도 한데 계속 헤매는 것도 7년이 되어 간다. 정말 스스로 한심스러울 때가 한두 번이 아니다.

그나마 조금 요령이 생겼다면, 영어자판을 찾을 때 전에는 자판 하나하나를 다 뒤졌지만 지금은 위로부터 한 줄씩 살피게 되었다는 것이다. 자판 전체를 헤매는 것보다는 훨씬 빠르다. 제일 위에 줄에서 딱 살펴보는데 1초, 두 번째 줄에서 1초, 세 번째 줄에서 1초. 이렇게 3초에 영문자 하나를 찾아내서 타, 탁, 탁 치고 있다. 웃겠지만 여기까지가 최선이고 한계이다. 내 타자실력을 아는 아들은 계속 연습하라고 하지만, 블로그를 쓴다거나 메일을 쓰는 데는 큰 지장은 없어 연습할 필요를 느끼지 못했다. 다만 이번에 책을 쓰면서는 생각이 조금 달라졌다. 다음에 또 책을 쓰게 된다면 그때도 두 손가락 가지고 쓸 수는 없을 테다. 그렇다면 이제는 정말 키보드연습을 해야 하는 것 아닐까.

성당 친구와 블로그를 같이한다. 나보다 늦게 블로그를 시작한 친구에서 블로그를 가르쳐주다보면 답답할 때가 많다. 한편으로는 내가 배울 때 옆에 친구들은 얼마나 답답했을까 하는 생각에 얼굴이 상기된다. 그러나 중요한 것은 나보다 인터넷을 기가 막히게 잘하고 키보드를 다다닥 다다닥 손이 안 보이게 두들겨 대는 같은 반 블로그 교육생이 50명도 넘지만, 그중에 나처럼 오래 버티고 있는 사람은 열 손가락 안에 꼽히고 그중에 열심히 하는 세 명 안에 들어간다. 자랑할 법하다.

컴퓨터를 모른다고, 키보드 치는 게 느리다고, 영어자판 찾는 게 어렵다고? 다 핑계일 뿐이다. 하려고만 한다면 누구나 다 할 수 있다. 나보다 못하는 사람은 아직까지 본 적이 없다. 늘 교육받으러 가면 제일 기가 죽어서 옆에 잘하는 친구한테 도와달라고 부탁하는 게 나였으니까.

블로그 선생님 중에 아직도 소식을 전하며 내게 힘을 주는 클로이라는 선생님이 계시다. 모른다고, 다시 또 가르쳐 달라고 미안해하면서 부탁하면 귀찮아하지 않고 가르쳐 주시는 선생님이다. 미안하다고, 내가 잘 몰라서 자꾸 귀찮게 한다고 미안해하면 아니라고, 허니제주 님이 가진 장점이 이런 것이라며 힘을 준다. 다른 사람 같았으면 그렇게 모르면 포기했을 것이고 한 번 두 번 듣고도 모르면 포기하는데 허니제주 님은 계속 포기하지 않고 부끄러움을 무릅 쓰고 끝까지 하고야 마는 그게 맘에 든다고 말하며 기운을 팍팍 넣어주신다.

나는 정말 잘 모른다. 오죽하면 남들은 한 번 들으면 90%는 알고 두 번이면 다 배우는 글자에 링크 넣는 법을 아직도 몰라 사용하지 못하고 있다. 숙제로 글자에 링크 넣어서 블로그 지수을 높이라고 하지만 몰라서 못한다고 할 수가 없어 아직도 사용하지 못하고 있다. 연말 안으로는 꼭 해내고야 말리라 다짐하고 있다.

컴퓨터가 서툴러서, 손가락이 느려서 못한다고 하면 서울대 컴퓨터공학과 나온 사람은 다 잘할 것이다. 마케팅 공부하는 사람은 다 잘 팔 것이다. 그러나 그렇지 않다. 그런 지식하고는 별개이다. 물론 배워둔다면 많은 도움이 되겠지만 아니라고 결론을 내렸다. 마케팅을 가르치는 사람은 제품을 우리만큼 팔지 못한다. 왜일까? 농사를 짓는 농부가 아니니까 자식같이 아끼는 농산물을 애타게 전하려는 마음이 부족해서라고 생각한다. 우리만큼 스토리에 감정이 없어서라고 생각한다. 태풍이 불면 감귤나무가지가 꺾어질까 벌통들이 날아갈까 밤중에라도 달려가서 돌보는 과정이 없으니까. 일기예보를 몇십 분마다 보며 바람이 잦아들기를 바라고 제발 큰비로 고랑에 물이 작물을 잠기게 하는 일이 없었으면 하는 조바심 나는 과정이 없으니까.

나는 농사꾼이다. 농사꾼인 내가 누구나 블로그나 인스타그램이나 하기를 권하고 다닌다. 나처럼 서툴고 지식이 땅바닥이라도 해내고 있으니 나보다 더 낮지 않느냐며 다독인다. 카페에서 차 마시며 가르쳐주기도 하고 내가 모르면 나보다 더 잘 아는 친구를 불러서 가르쳐주십사 하며 자리를 마련해주기도 한다.

하다가 지치면 쉬기도 하고 농사일이 바쁘면 쉬었다가 해도 된다. 나도 일주일, 많게는 열흘까지도 쉰 적이 많다. 그래도 단 한 가지 멈추지는 말라고 한다. '노 스톱!' 젊은 사람들에게도 친구들에게도 해주는 말이다. 멈추지만 말아라. 콩나물에 물 주듯 멈추지만 않으면 기어코 원하는 만큼 할 수 있다.

part 5

60대를 위한 인터넷과 친해지기

1

인터넷도
시작이 반

하루를 미루면 일 년이 도망간다. 그 때문에 5,60대는 하루라도 빨리 배워야 한다. 하루 늦으면 1년이 늦는다고 생각하고 빨리 시작하자. 2,30대는 조금 늦더라도 아직 시간이 많다. 그러나 우리 세대는 빨리 시작해서 배워야 하고 배운 것들을 바로 활용해야 한다. 남은 시간이 얼마 되지 않기 때문이다.

이제 죽어라고 공부해서 배워도 앞으로 90대까지 써먹을 수 있다고 하면 25년, 80세까지 현역에서 일할 수 있다고 하면 15년 남았다. 계산해보면 더 와닿는다. 그러니 30대에 시작하는 젊은이들보다는 빨리 배워서 많이 이용해야 한다.

애쓰게 고생하며 인터넷을 배우고 블로그를 운영하지만 남은 시간이 얼마 남지 않았다는 것은 안타까운 일이다. 난 지금 가슴 아픈 공부를 하고 있다. 이렇게 애쓰게 배워도 사용할 시간이 애쓴 것에 비해 아주 적기에…. 정말이지 젊음은 어떠한 것이든 보다 유리한 조건에 서게 해준다.

사람들은 시간은 금이라고 많이들 이야기 한다. 그러나 나에게 시간이란 금이 아니다. 금이 그렇게 좋은 것인가. 나에게 시간이란 목숨이다. 째깍, 째깍. 일 초, 일 초 지나갈 때마다 내 목숨도 일 초, 이 초 없어져버린다. 시간이란 목숨이다. 어느 날 예고도 없이 '헉!' 하고 0.1초 사이에 우리는 이 세계 저편으로 넘어가버리는 유한한 생명체이기 때문이다. 담낭암으로 수술한 뒤에 더욱 절실히 느꼈다. 하루하루 '살아질까?' 걱정하고, '과연 5개월이나 더 살 수 있을까' 되묻고, 저녁이면 '내일도 오늘처럼 밥을 하고 꿀벌들을 돌보고 남편이랑 같은 차를 타며 한라산으로 갈 수 있을까?' 불안해했다. 하루를 조심스럽게 넘기며 살았다.

블로그를 운영하며 아프다는 말은 하지 못했다. 보는 사람들이 측은하게 생각하거나 용기를 잃게 하고 싶지 않았다. 아무렇지도 않은 척 책을 읽고 살아가는 이야기를 쓰며 '사랑합니다. 행복하세요.'라고 끝인사를 했다. '사랑합니다'라고 쓸 때는 사랑하는 마음이 정말로 생겨난다. '행복하세요'라고 쓰며 불행을 느끼는 사람은 없다.

'행복하세요'라고 쓰면서 스스로 행복을 느낀다.

때로는 매일 글을 쓸 때마다 '사랑합니다'라고 쓰면 혹시 남자들이 오해하지 않느냐고 묻는다. 블로그 글을 다 읽는 사람이라면 이게 남녀 간의 사랑인지 사람이 사람을 사랑한다는 사랑인지 다 알 수 있다. 그리고 적당히 못생긴 것도 도움이 될 때도 있다. 이때까지 7년을 사랑한다고 써도 단 한 사람의 남자도 나의 '사랑한다'를 받아준 사람이 없다. 슬프다고 해야 하지만 아니다. 난 아주 편하다. 신의 흉내를 내보는 넓은 사랑을 누가 감히 해치지 않아서 너무 좋다.

블로그를 빨리 시작하고 SNS를 같이 하면 살아가는데 활력소도 되고 목표가 있기 때문에 하루하루가 새로워지기 시작한다. 오늘은 어떤 이웃들을 만나게 될까 설레기 시작한다. 낮에 일하고 저녁에 컴퓨터를 켜서 일기 쓰듯 오늘 할인 일들을 올린다. 가까운 사람에게서 섭섭함을 위로받으려고 굳이 애쓰지 않아도 글을 쓰다보면 나도 모르게 마음이 달래진다.

헛된 감정으로 아까운 시간을 허비할 수가 없다. 그날 일어난 복잡한 일도 섭섭한 일도, 일한 내용도 블로그를 쓰면서 다 정리가 되고 내일 무슨 일을 할 것인지까지 다 정리가 된다. 『매일 써봤니』라는 책을 보며 더 블로그에 매일 글을 쓰자는 마음을 굳혔다. 매일 쓰다보면 꼭 무엇이든 남게 되어있다. 이건 확실하다. 마케팅에 연결하면 농산물을 팔 수 있고 글을 쓰다보면 책을 쓸 수 있게 된다. 어렵고 불가능한 일이 아니다. 나도 하는 일이니 모든 사람들이 다 할 수 있다.

처음에 책을 쓰려고 할 때 삼 개월 동안 글이 한 자도 안 써졌다. 잘 쓰려고 하니 더 손을 못 댄 것이다. 도움을 받기 위해 수많은 글쓰기 책을 섭렵했다. 이왕 쓰는 거 잘 써야 한다. '누가 보면서 흉보면 어떡하지? 창피당하는 거 아냐?' 하는 생각도 들었다. 여기까지 오니 덜컥 겁까지 난 것이다.

그래서 욕심을 버리기 시작했다. 아주 쉽게, 내가 경험한 것만 쓰자. 인터넷이나 블로그 지식에 관한 것들은 이미 전문가들이 수도 없이 책을 써 출간했다. 비대면 시대에 어떻게 해야 한다는 지침을 알려주는 책들도 방법론에 대해서는 대단한 전문가들이 다 책을 쓰고 강의를 했고 아직도 끊임없이 없이 나오고 있다. 모자란 지식으로 이런 책과 견주는 내용을 쓰려니 머리가 아프고 한 장도 안 써지는 것이었다. 경험만 쓰기로 마음을 다잡으니 한결 수월해졌다. 7년간 블로그를 쓰면서 적어 놓았던 것들을 들추어내며 나다운 글을 써갔다. 그렇게 이 책이 쓰여지게 된 것이다.

성공은 대단한 것이 아니다. 내가 할 수 있는 범위에서 꾸준히 지속하는 데서 시작하고 완성된다. 블로그도 '농산물을 팔아야 된다'라는 목표만 가지고 운영했다면 이렇게 길게 오지 못했을 거라고 확신한다. 블로그를 통해 사람들과 인연을 맺고 위로를 나누고, 내 글을 선보인다. 하루를 돌이켜보는 일기이자 내일 할 일을 정리하는 스케줄러이기도 하다. 더 넓은 세상을 만나는 곳이기도 하다. 지금 나에게 중요한 여러 가지가 블로그를 통해서 이루어지고 있기 때문에 아직까지도, 앞으로도 블로그는 손가락이 움직일 수 있을 때까지 계속할 것이다.

블로그를 통해서 무엇을 이루었고 앞으로 무엇을 이루려고 하는지 정리해 보았다.

이루어진 것들

1. 시인으로 등단했다.

시를 쓰고 싶어도 표현하는 단어의 모자람으로 시작하지 못 했지만 이제 한 발짝 내미는 단계까지 왔다. 자주 쓰고 다양한 이웃의 글과 보며 책을 보며 단어의 다양함을 찾으려 노력한 덕분이다.

2. 책을 쓰려고 계획했던 일이 드디어 이루어졌다.

블로그에 써 두었던 글이 없었다면 감히 도전을 못했을 것이다. 그동안 짧든 길든 7년을 써온 글이 가끔씩 좋아하는 글로 변하게 되었다.

3. 스트레스를 받을 이유가 없다.

블로그에 매일 쓰다보면 기분 나빴던 일들을 빨리 제낄 수 있다. 기분 나쁘거나 속상한 일이 있으면 글이 안 써지기 때문에 안 좋은 감정을 빨리 버리는 연습도 하게 된다. 이제는 글쓰기 전에 자연스럽게 감정 정리부터 하게 된다. 이 나이에 안 좋은 것들을 붙잡고 누가 달래주기를 기다리는 것은 시간 낭비다. 빨리 스스로 해결하고 다른 일에 도전할 수 있게 되었다.

4. 다큐를 찍고 방송에 출연하고 신문에도 나오며 다양한 방법으로 나를 알리는 계기가 되었다.
한평생 살면서 방송에 한 번도 나가지 못한 사람도 많다. 아니 나도 블로그를 안 했으면 방송에 나갈 이유가 전혀 없다. 방송 출연이 뭐 그리 대단한 일은 아니지만 그래도 나는 자랑스럽게 생각하며 만족한다.

5. 농산물을 파는 데 큰 도움이 된다.
방송은 물론 네이버 해피빈 공감펀딩 4회, 와디즈 펀딩 1회 등의 경험은 스마트스토어 매출에도 큰 도움이 되었다. 지인들도 방송을 보고 농산물을 더 사주고 홍보도 해주었다.

개인적인 마케팅 비법을 모두 밝힐 수 없어 다 적지는 못하지만 아무튼 시작은 블로그였다. 이로 인해 모든 것들이 시작이 되었다. 그러니 망설이고 있다면 하루라도 빨리 블로그를 운영하라고 적극 권한다. 일 년만 계속할 수 있다면 무엇이든 자신의 원하는 방향으로 가서 성공할 기회를 얻을 수 있다.

거듭 말하지만 시간을 목숨처럼 아끼자. 소홀하게 보내버리지 말자. 꼭 인터넷에 길이 있다고 굳게 믿고 전문가를 찾아서 배우고 꾸준히 블로그를 운영하기 바란다. 성공은 내 손안에서 이루어진다.

2

주위에
도움을 구하라

혼자는 오래 걸리고 실패 확률은 70%다. 꼭 같이 공부하는 이웃들과 자신과 맞는 전문가와 같이 해야 한다. 그 어떤 곳도 한 달 내내 블로그를 가르쳐주는 강의를 운영하는 일은 드물다. 기술센터에서는 3~4일이고, 기술원에서도 많아 봐야 일 년에 10회 이상은 넘지 않았다. 자치단체에서 하는 교육도 거의 마찬가지이다. 블로그는 꾸준히 연습해야 하고 또 새로운 기술도 줄곧 쏟아져 나오는데 짧게 끝나는 교육으로는 꾸준히 배우기 어렵다.

블로그 이웃이나 같이 교육을 받은 단톡방이나 아니면 개인적으로 교육비를 지출하고 받은 선생님과의 끈을 놓지 말고 계속 유지하기를 바란다. 블로그 이웃들은 댓글로도 서로 힘이 되고, 이웃들이 열심히 하는 것을 보면 힘이 난다. 선의의 경쟁도 아주 가끔씩은 필요하다. 나는 열심히 하는 이웃들과 끈을 놓지 않으려고 애썼다. 매일 방문하며 댓글도 달았고 무슨 일을 했는지 감귤가격은 얼마에 팔 건지 의논하기도 했다.

한번은 이웃들이 모여 단톡방을 열고 30일 글쓰기를 3회나 했다. 3회면 90일이 된다. 그 다음엔 블로그원고작가 수업과 실습을 두 달 이상했다. 계속되는 교육과 연습은 나를 업시키는 일이며 이제는 시간만 투자하면 무엇이든지 할 수 있다는 자신감도 생겼다. 블로그를 보고 책 리뷰 제안도 먼저 들어온다. 이제는 책을 고르며 리뷰도 한다. 책 리뷰를 하려면 자세히 읽어야하고 시간이 많이 필요한데 대충 쓰는 건 스스로 용납되지 않으니 시간을 아끼기 위해서는 선택과 집중이 필요하다.

블로그원고작가수업을 마치고 실습도 끝나니 다이닝체험도 먼저 들어오고 있다. 기분 좋은 일이다. 작년에는 호텔 원고를 쓰고 친구들과 호텔에서 피티도 즐겼다. 좋은 일은 함께하면 더 즐겁다. 무슨 일이든 주위에 있는 긍정적인 이웃들과 꼭 협력하며 서로 기운을 받으며 이어나가길 바란다. 혼자는 절대적으로 힘이 든다.

교육이 있으면 같이 정보교환도 하며 계속 배우러 다니고 집에 오면 기억 나지 않는 것들을 다시 배워서 복습하기도 많이 했다. 점심도 수도 없이 같이 먹었다. 교육을 같이 받은 친구들과 같이 실습하듯 계속한 것이 기계치인 내가 살아남는 데 큰 도움이 되었다.

내 경우에는 단톡방을 주로 활용한다. 언택트 시대에도 서로 꾸준히 소통할 수 있는 채널이기 때문이다. 그러므로 단톡방에 가입했다면 되도록 나오지 말고 계속 유지하라고 권한다.

내가 속한 단톡방 중 '언노마드스쿨'이라는 블로그교육을 하는 교육생들이 모이는 단톡방이 있다. 마야라는 친구와 금사발, 돈맹극복, 노마드꿈나라 등 20여 명이 매일 아침 운동하기와 멋진 풍경을 올리며 굿모닝 인사를 나눈다. 나도 덩달아 '꿀모닝'이라고 인사한다. 처음에는 어색했고 오타로 오해도 받았지만 이제는 나의 전용 인사말이 되었다. 새벽에는 '꿀모닝', 저녁에는 '꿀나잇', 낮에는 '꿀날 되세요'라고 인사한다. 같이 따라하는 친구들도 있었지만 이제는 나만의 고유 인사말이 되었다. 인사말로도 나를 표현할 수 있게 된 것이다.

사실 바쁜 날에는 인사조차 스쳐지나가고 싶은 날도 많다. 그래도 꼭 하루 인사는 한다. 나를 잊어버리지 말아 달라는 안부 인사다. 이 복잡한 세상에 누가 나를 기억해주겠는가 인사라도 매일 해야지 기억해주지. 책이 나오면 단톡방에 제일 먼저 알릴 것이다. 지금부터 부탁드린다. 우리 단톡방 동지님들.

나에겐 단톡방이 많다. 이름만 나열해도 유튜브를 배우는 단톡방, 줌강의를 받으며 모두가 친구가 되어버린 단톡방, 반드시 책을 내자는 각오를 다지는 반책모 단톡방, 블로그원고작가 단톡방, 6차인증농가 단톡방, 서귀포정보화농업인 단톡방, 제주도정보화농업인연합회 단톡방, 한국여성농업인연합회 단톡방 등이다.

아침에 일어나면 단톡방에 글이 올라온 것을 주욱 읽고 중요한 내용은 다시 보며 배울 것이 있는 블로그 내용이나 영상강의, 음성녹음 강의, 피드백 들은 따로 옮겨 놓는다. 시간이 있을 때 다시 보며 복습을 하고 모르는 것은 공부하기 위해서이다. 모르는 단어가 나오면 사전을 찾아 알아본다. 너무 인터넷이 빠르게 변하고 새로운 말들이 나오기 때문에 모르는 것들도 많아진다. 사진을 찾아 알아두지 않으면 바보가 된다. 단톡방 덕분에 가만히 있어도 새로운 단어를 접하고 배울 수 있다.

평일 오전엔 거의 택배 작업을 한다. 택배를 보내지 않는 토요일과 일요일은 휴일이다. 이때 블로그나 미룬 공부를 한다. 휴식이 필요하다면 푹 쉬기도 한다.

감귤과수원 일과 꿀벌들 돌보는 일로 바쁜 평일에도 자투리 시간을 잘 이용해서 시간을 낭비하지 않으려고 노력한다. 오늘 할 일은 잘 진행되고 있는지 점검하고 시간이 나면 이웃블로그를 돌아보며 좋은 내용들이 있는 블로그를 벤치마킹한다.

이제는 블로거들의 글을 읽어보면 홍보만을 위한 블로거인지, 본인 블로그는 쓰지 않으면서 돌아다니는 블로거인지 오히려 내 블로그에 자신의 사업을 홍보하려고 들어오는 블로거인지 알 수 있다. 나는 최우선으로 성실한 블로그에 관심을 가지고 글을 읽고 댓글을 달고 사귄다. 서로 통하는 것이 있으면 금방 친해진다.

나를 알리는데 블로그처럼 정확한 것은 없다. 또한 블로그는 함께 배우고 정보를 나눌수록 더욱 성장한다. 그러니 블로그를 운영하며 앞에서 이야기한 것들을 기억하길 바란다.

3

멈추지 말고
배움을 계속하라

처음부터 잘하는 사람은 없다. 먼저 배운 사람도 블로그로 농산물을 팔고 홍보마케팅으로 돈을 버는 사람도 사진 한 장 글 한 줄로 쓰는 것부터 시작한다. 시작은 모두가 다르지 않다. 그러나 내가 나아지려고 노력하지 않으면 이웃들은 금방 식상해 한다. 넓게 사람들을 사귈 수 없게 된다. 따라서 목표를 세우고 꾸준히 멈추지 말고 끝장을 내라고 말하고 싶다.

나는 처음에 서귀포농업기술센터에서 교육을 받기 시작했다. 하루에 4시간씩 3일을 수업 받았다. 교육이 끝나도 아무것도 알 수 없었다. 감도 안 잡혔다. 손가락은 거의 지렁이 움직이는 수준이다. 한글 타자가 이 모양이니 영어는 거의 불가능한 상태이다. 집에 와서 타자연습을 몇 번 해보았지만 늘지 않았다. 더 헷갈리기만 했다. 그러나 어쩌랴 모르면 배우고 서툴면 연습해야 조금이라도 나아지지 않겠는가.

사실상 말이 쉽지, 낮에 일하고 밤에 블로그하기란 정말 어려웠다. 일 년 동안은 글을 쓴다고 말할 수 없을 정도였다. 사진 세 장 올려놓고 글 몇 줄을 써보기도 했다. 용기 내어 검정고무신을 신고 미장원도 가고 기술센터에 교육을 받으러 간다는 내용으로 나를 드러내는 글을 썼다. 반응이 좋았다. 검정고무신이 오랜만에 보는 물건이라 추억을 불러일으키기도 했던 모양이었다. 그래서 검정고무신에 대한 추억과 좋은 점을 쭈욱 썼다. '오월장마에 운동화가 잘 마르지 않을 때는 검정고무신을 신으면 너무 편하다. 씻고 수건으로 닦아서 거친 종이를 깔고 신으면 발이 뽀소송하다.'라고도 썼다.

그 해 나는 검정고무신을 유행시킨 장본인이 되었다. 검정고무신은 호주 다큐촬영할 때도 가져가서 태즈매니아 플리마켓을 휩쓸고 다니기도 했다. 돌아오던 날에는 민박집 사장님이 달라고 해서 주고 왔다. 이후로 우리는 카톡까지 주고받는 친구가 되었다. 태즈매니아 한달살기를 준비할 때는 같이 지내려고 책이랑 배추씨앗이랑 보내기도 했다. 아쉽게도 남편 손목 인대가 나가면서 포기하게 되었지만 말이다. 아니 연기되었다고 생각하고 싶다. 자꾸 가자고 보채는 사람이 있으니 다시 도전해보려고 한다.

다시 본론으로 돌아와서, 계속해서 배우는 것만이 전문가로 들어서는 지름길이다. 인터넷을 배운지 2년 이후부터는 서울로 교육을 받으러 다녔다. 한 시간에 50만 원을 주고 다녔다. 하지만 중간부터 멈추기 시작하더니 계속 진도가 나아지지 않았다. 그곳 수강생들은 배우려고 많은 돈을 주고 오는 사람들이라 옆자리 사람이 진도가 나가든 말든 관심이 없다. 자신이 모르면 다음으로 나아갈 수 없기 때문에 도와주려고 해도 시간이 되지 않는다. 서울이라는 데가 이렇구나. 공짜로 교육을 받다가 돈을 내고 강의를 들어본다는 게 이런 일도 생기는구나. 많은 걸 느끼는 계기가 되었다, 결국엔 돈을 낸 것만큼 성과도 못 내고 강의료와 비행기 값만 낭비하는 꼴이 되어버렸다. 잃은 것도 많았지만 덕분에 깨달은 것도 있다.

1. 내가 직접 하지 않으면 누구도 도와줄 수 없다.
2. 같이 공부하는 팀이 중요하다(도움을 받을 수 있는 환경인지 알아본다).
3. 교육 후에도 도움을 받을 수 있는 사이가 될 수 있는지 알아본다.
4. 교육생들끼리 모임을 유지할 수 있는지 알아보고, 없다면 단톡방을 만들어 인연을 유지하려고 적극적으로 나선다.
5. 뭐든지 농산물로 나눔을 하며 적극적으로 인맥을 유지시키려고 한다.

결국 강의료 50만 원과 비행기 값을 투자하고 배운 것은 블로그 공부가 아니고 인생 공부였던 셈이다. 아깝지 않은 경험이다. 이것들을 모르고 앞으로 계속 나갔다면 훗날 크게 실망하거나 뒤통수를 맞았다고 생각할 수도 있었을 것이다. 이제는 깍쟁이 같은 강사를 만나도 이때의 교훈을 생각하며 내가 부족한 것이지 강사 탓이 아니라고 달랜다. 실망하지도 스트레스를 받지도 않는다.

그다음으로는 블로그 30일 글쓰기 교육을 들었다. 30만 원을 내고 듣는 수업인데 하루도 빠지지 않고 블로그에 글을 쓰면 수강료의 50%를 되돌려주는 강의였다. 덕분에 매일 글쓰기를 할 수 있었고, 한 달 진행으로는 익숙지 않은 것을 더 공부하기 위해서 돌려받은 돈으로 세 번 더 30일 글쓰기에 참여했다. 이 팀은 수업이 끝난 지금도 단톡방이 계속되고 있다.

블로그 글쓰기를 본격적으로 전문가다운 티를 내기 시작한 때이기도 하다. 여전히 위젯이나 기계를 다루는 것은 익숙지 않지만 운영 노하우의 70%를 이곳에서 배웠다. 매일 글 쓰는 습관을 들이고, 글을 길게 써 나가며, 키워드도 생각해 글을 작성하게 된 시기이기도 하다.

배움에는 끝이 없다. 점점 앞으로 나아가면서 농산물도 팔고 편딩도 하며 많은 이웃들을 사귀다보니 블로그로 돈을 버는 사람들이 많다는 것을 알았다. 그럼 나도 도전해봐야 한다. 남이 하는데 못 할 이유는 없고, 결국엔 시간과의 싸움일 터이니 말이다.

앞서 언급한 사단법인 국제디지털노마드협회의 블로그원고작가 자격증반도 같은 맥락에서 참여하게 된 강의이다. 금액이 만만치 않았지만 나는 강의료는 아끼지 않는다.

신청을 하고 강사님과 미팅을 했다. 어려워서 할 수 있냐는 질문이 날아왔다. 나는 노력하겠다고 하고 할 수 있다고 장담을 했다. 또 강사님은 차라리 다른 사람의 원고를 쓰는 시간이면 직접 키운 농산물을 홍보하는 글을 쓰는 게 더 이익이 되지 않느냐고 되물었다. 맞는 말일지도 모르지만 꼭 내 농산물만 홍보를 해야 하냐고 되물었다. 이왕 하는 것 자격증을 취득하고 배워서 제대로 쓰고 싶다고 했다. 그렇게 나는 강사님과 한 번도 빠지지 말고 실습까지 한다는 약속 하에 강의를 듣게 되있다. 비싼 강의료 내고 공부하는 사람이 사정하면서 강의를 듣는다는 데서 약간 자존심이 상했지만, 부끄러움은 잠시일 뿐이다. 나는 앞으로 간다!

블로그원고작가로 활동을 하게 되면 이제는 정말 전문가가 다 된 셈이다. 다만 원칙을 하나 정했다. 블로그원고작가로 활동을 하더라도 내 글을 돈 받고 팔지는 않겠다는 것이다. 그만한 가치가 있는 글을 쓰겠다는 스스로에게 하는 다짐이기도 하다. 물론 나보다 더 잘하는 사람들이 많을 테다. 그럼에도 65세 농사꾼이 이 정도면 잘하는 것이라고 생각함과 동시에 나이를 잊고 젊은 사람들에게 감성으로든 글 솜씨로든 뒤떨어지지 않도록 최선을 다할 것이다.

나를 발전시키고 친구들과 신나게 블로그를 운영하며 수입도 바라볼 수 있다는 것은 즐거운 일이다. 다시 말하지만 어렵지 않다. 친구를 사귀고 인맥을 넓히고 공부도 계속하면 반드시 이룰 수 있다. 나와 같은 생각을 가진 분들은 내 블로그로 들어오셔서 같이 동행해도 좋다. 적극 환영한다. 우리 모두 파이팅이다!

4

매일 블로그
시간을 확보하라

'언택트 시대에는 출근하는 것처럼 블로그 시간을 정하고 쓰면 성공한다.' 좋은 말이지만 농사꾼이 실천하기는 제일 어려운 대목이다. 차라리 출퇴근하는 직장에 다니면 훨씬 시간을 정하기는 쉬웠겠다. 그러나 감귤 농사나 꿀 농사는 새벽에 나가는 일이 많다. 하루는 건너뛰고 또 며칠을 강행군할 때도 있다. 며칠을 쉬는 날도 많다. 일하는 시간이 들쭉날쭉하기 때문에 도저히 시간을 정해놓고 블로그 운영하기가 어렵다. 새벽에 나갔다가 아무 일도 없었다가, 며칠을 계속 일만 하는 날이 반복되다보니 시간이 많으면 해이해지고 며칠을 힘들게 일하면 체력이 방바닥을 기어 다녀서 글 쓸 힘이 없다. 정확한 블로그 할 시간 계획을 가질 수가 없었다.

사진을 찍어두고 지쳐서 오랫동안 방치하다가 꺼내어 글을 쓰려면 그때 생각이 가물거려 애쓰게 찍은 사진을 버리기를 수십 번. 정신 차려 써보자고 컴퓨터에 앉으면 사진이 맘에 안 들어 허탕을 치는 날도 있다. 그래서 무조건 간단하게 부담 없이 쓰자며 '사진이 없으면 어떠냐. 학교도 아니고 숙제도 아니다. 내가 블로그 대표인데 내 맘대로 써야지 누가 뭐라고 해도 내가 블로그의 주인이다.'라고 마음을 다잡았다. 바로 '주인 맘대로 한다' 전략이다.

그렇게 블로그를 조금씩 꾸려나가며 익숙해지고 교육을 받으면서 요령이 생기기 시작했다. 한가할 때 글을 쓰고 예약을 걸어놓기도 하고 너무 지치면 건너뛰기도 했다. 일주일에 하루는 사진을 찍으러 가서 삼일 치를 쓰기도 했다.

이제는 꿀벌 돌보러 산에 갈 때는 오늘은 어떤 글을 써야지 미리 생각하고 사진도 미리 찍어놓는다. 사진을 찍을 때는 '이 사진으로는 어떤 글을 써야지.' 하며 사진에 글까지 머릿속으로 입력시킨다. 집에 오면 저녁을 먹은 다음에는 제일 먼저 컴퓨터에 앉기 위해 다른 일은 미룬다. 설거지도 미루고 빨래도 미룬다. 집안일을 먼저 하면 졸음이 오고 피곤이 급하게 몰려와 아무것도 할 수 없다.

남편은 가끔씩 제발 컴퓨터를 적당히 하라며 잔소리도 해댄다. 유혹에 넘어가지 말자. 해야 해. 블로그로 앞으로 살아갈 날을 준비하는데 멈추면 안 돼. 무엇이 그리 나를 컴퓨터에 올인하게 만들었는지 모르겠다. 떼돈이 벌리는 것도 아니고 누가 상을 주는 것도 아닌데 말이다. 단지 글을 쓰고 싶었는데 새로운 글 쓰는 장소가 생겼다는 것에 힘이 생겨났는지도 모른다.

살림은 내일 아침 해도 누가 세금 받으러 안 오고 남편만 눈감아주면 아무 일도 일어나지 않는다. 난 지금도 살림은 잘 못 하는 편이다. 청소하고 설거지하고 방청소 하는데 하루 3~4시간씩 걸린다는 것에 반기를 든지 오래다 어떻게 일생에 빨래, 청소, 설거지, 청소로 내 인생의 잠자는 시간 빼고 3분의 1을 소비해야 한단 말인가. 지금도 적당히 살자고 외치는 사람 중 하나이다.

남편과의 신경전도 그리 오래 가지는 않았다. 블로그를 시작한지 2년째 되는 가을부터 감귤 택배가 들어오고 다큐를 찍자는 제의가 들어왔다. 택배량은 점점 늘어가고 입소문도 퍼지면서 수입의 절반이 블로그를 통해 들어왔다. 여전의 시대기 오고야 밀았다. 이세부터는 내가 어깨를 으쓱일 때도 가끔씩 일어났다.

하나 더, 블로그도 시간을 정하기 수월해졌다. 몸이 지쳐 블로그를 운영하기 힘들 때는 남편에게 부탁을 한다. 글을 쓰는 것도 노동이라고 생각해서 오후에 일할 때는 좀 나를 빼주면 안 되겠냐고 부

"남편은 이런 나를 믿는다. 각시하고 일을 하면 손발이 척척 맞아 아주 쉽게 끝낼 수 있다는 것을 잘 안다."

탁한다. 처음엔 머쓱하다가 하루, 이틀 양보하더니 이제 과수원에 갈 때는 오후에는 집에 있으라고 해준다.

처음 말 꺼내기가 어려웠을 뿐이다. 솔직하게 힘이 든다거나, 글 쓰는 것도 몸이 가뿐해야 써진다며 어떻게 지쳐서 쓰려져 가면서 제대로 된 이야기가 나오겠냐고 하소연하니 남편이 받아준다. 대신 다시 남편이 힘들어 하면 달려가서 같이 농사일을 한다. 나는 일을 잘한다. 어릴 때부터 배운 일이라 손에 익은지라 하기만 하면 순서대로 착착 쉽게 잘한다. 남편은 이런 나를 믿는다. 각시하고 일을 하면 손발이 척척 맞아 아주 쉽게 끝낼 수 있다는 것을 잘 안다.

점점 더 블로그와 농사일의 균형을 맞추는 데 요령이 생기기 시작한다. 오전에 할 일을 둘이서 척척 해내고 오후에는 쉰다. 남편은 내일 할 일을 준비하거나 다른 일들을 정리한다. 나는 블로그나 페이스북, 인스타그램을 한다. 핸드폰으로 할 수 있는 것은 짬짬이 하고 책상 앞에서 해야 하는 것들은 저녁에 차분히 하고 있다.

하다 보면 할 수 있다. 대신 매일 해야 한다. 경험으로는 pc에서 두 시간, 핸드폰으로 1시간, 이 정도의 시간은 확보해야 그래도 블로그로 성공할 수 있다고 장담한다. 하루 3~4시간도 확보하지 않고 언택트시대에 살아남겠다고 하는 것은 그릇된 욕심이다. 청소 빨래, 설거지도 3~4시간은 한다. 살림하는 시간, 친구들과 수다 떠는 시간, 잠자는 시간, 다른 일 하는 시간을 한 시간씩만 줄여서 블로그를 하자. 인터넷과 친해지자. 장담하건대 무조건 성공할 수 있을 것이다.

기교보다 정성과
진심이 통한다

글의 허영은 금물.

복잡한 내용도 싫다.

있는 그대로 정성을 다해 진심으로 쓰자.

많은 분량을 쓰겠다는 욕심으로 이리저리 무슨 내용인지도 모르게 글 쓰는 일은 삼가려고 노력중이다. 블로그는 분량을 맞추어야하는 책이 아니다. 또 책도 마찬가지다. 너무 많은 글을 쓰다보면 횡설수설하게 된다. 나는 글쓰기 전문가가 아니다.

나는 농사꾼이다. 일하는 시간이 제일 많아야 되고 집안일을 하거나 친지나 친구도 만나야 되고, 종교 생활, 사회 생활 등 수도 없이 많은 일들을 해야 한다. 이런 사람이 한정된 시간 안에 모든 걸 다

잘할 수는 없다. 새로 다가온 언택트 시대에 살아남기 위해 다른 시간을 조금씩 줄여 블로그나 인터넷 공부를 하고 있지만 완벽하게 잘할 수는 없다. 대신 한 줄을 써도 진짜를, 정성을 담아내자고 다짐한다. 꾸밈이 아니고 기교도 아닌 그저 내가 할 수 있는 것 그대로 열심히 하면 된다.

스마트폰과 블로그를 가르치는 선생님을 한 분 만났다. 여러 가지 예쁜 스티커는 물론 카드뉴스, 움직이는 스티커, 다양한 위젯 등을 많이 가르쳐 주셨다. 배우면서 실습했던 기간에 쓴 글은 블로그에서 반짝거렸다. 선생님 블로그도 들어가 보면 반짝거리고 귀엽고 예쁘게 생긴 스티커가 많이도 등장했다.

그러나 배우고 난 뒤로는 하는 방법이 하나도 기억나지 않았다. 결국 그만두었다. 글을 쓰다 서투른 기교를 사용하려니 글은 저 멀리 도망가고 하나도 반갑지 않은 반짝반짝하게 움직이는 스티커, 농담이 많은 스티커만 난무했다. 다 포기했다. 선생님과도 밀어졌다. 너무 많은 것을 가르쳐주려고 하다 보니 제자는 다 수용할 수가 없어 따라가지도 못하고 선생님과의 거리만 점점 멀어져 갔다.

그 후로는 기교를 부리는 것은 아예 삼갔다. '예쁜 스티커가 아니어도 괜찮아 난 오늘 한 일을 쓰고 시골 생활을 해보지 못하거나 해

보고 싶은 사람들에게 보여주고 싶어.', '또 농사를 짓는 사람과 서로의 고충을 나누고 싶어.', '서로 위로하고 농산물도 교환해서 먹고 싶어.'라는 내 바람에 집중했다.

때때로 너무 유식해서 긴 글을 쓰는 블로그는 왠지 나를 보고 웃을 것 같아서 주눅이 들 때도 많았다. 한번은 골프 블로그를 운영하는 블로거를 만났다. 감귤도 사주고 친해졌다. 블로그에 들어가 보면 남자들과 골프를 치며 맛있는 음식을 같이 먹고 멋있는 골프웨어를 입은 사진을 올리며 어디서 산 옷인지 서로 묻기도 하는 모습을 볼 수 있었다. 제주도골프장을 소개하기도 하고 유명한 골프시합 때는 친구와 만나 사진도 찍고 맛난 것도 먹었다.

그러나 송충이는 솔잎을 먹고살아야 하는 법. 어느 날 그 친구에게서 골프화를 선물 받았다. 좋아하면서도 부담이 되었다. 그래도 많은 것 중에 하나를 선물하는 것이니 부담 갖지 말라고 했다. 자기도 선물 받은 거란다. 기분 좋게 받고 저녁은 내가 갈비를 샀다. 시간이 흐르고, 골프 시즌이 시작되자 남편이랑 서울 손님이랑 함께 시합을 보러갔다. 아주 유명한 골프대회였다. 외국에서 온 인생에 한 번 볼까 말까 한 선수였다. 친구한테 선물 받은 골프화를 신고 우쭐대며 따라 다녔다.

그런데 갑자기 신발이 걸리적거리기 시작했다. 잔디는 분명 융단처럼 잘 깎여 있었다. 하도 이상해서 신발을 살펴보았다. 너무 놀라 어쩔 줄을 모르겠고 얼굴이 화끈거렸다. 반질반질한 새 골프화가 앞에서 반쯤은 떼어져 걸을 때마다 벌어지면서 걸리적거리고 있었다. 한 번도 신지 않은 골프화지만 오래된 것이어서 스스로 떼어지고 있는 것이었다. 이때까지 나만 몰랐다. 다른 사람들이 보면서 얼마나 흉보았을까. 심장이 멎는 것 같았다. 급한 대로 끈으로 묶고 아슬아슬하게 차 있는 데까지 도착했다. 그렇게 나와 남편은 친구를 두고 먼저 떠날 수밖에 없었다. 그 후로는 나에게 맞지 않은 것은 절대 하지 않았다.

골프 블로그와도 자연스럽게 멀어졌다. 친구는 아직도 모른다. 누구의 잘못도 아니다. 내게 맞지 않는 옷이라는 것을 깨닫고 나 혼자만의 자격지심으로 멀어져버렸다.

블로그도 맞는 사람이 있다. 서로 친하다 보면 이웃사촌처럼 진해지고 제주에 오면 만나고 차를 마시고 식사도 같이 한다. 과도하게 블로그를 꾸미면 다시 만날 때 어색하게 만든다. 예쁜 것들이 많은 블로그보다 단정한 블로그가 좋고 장문의 글보다 꾸미지 않는 함축성이 있는 글이 더 좋을 때가 많다. 완벽한 글쓰기란 없고 아무리 머리를 짜내어도 다른 사람 모두를 충족시키는 글쓰기는 없다고 생각한다.

따라서 완벽해질 수 없으면 내 삶을 그대로 솔직하게 내가 표현할 수 있을 만큼만 쓰면 된다. 내가 할 수 있는 만큼 열심히 노력하면 나머지는 블로그를 보는 이웃들 몫이다. 이러한 마음가짐으로 여기까지 오면서 나는 홀가분하게 블로그을 운영하고 책도 쓰게 됐다.

꾸준히 멈추지 말고, 최선을 다한다. 솔직하게 정성을 들여 블로그를 운영하면서 글 쓰는 솜씨도 발전하면 금상첨화다. "단 멈추지만 말자. 기어코 성공하게 된다." 내가 제일 좋아하는 말이자 블로그 '김인순의허니제주'의 슬로건을 기억하자.

part 6

60대 유튜버로 산다는 건

달러를 버는 것도
애국이다

달러를 버는 게 애국이다. 유튜브를 하는 것도 애국이다. 블로그를 한 지 5년이 지나면서 유튜브에 관심을 가지는 이웃들이 많아지고 주위의 많은 블로거도 유튜브에 도전했다. 나도 함께하고 싶었지만 동영상 촬영과 편집이 도저히 복잡해서 2년을 미루었다.

그러다 용기를 냈다. '블로그를 가르쳐주는 선생님이 유튜브 교육도 같이하고 있으니 한번 교육을 받아볼까?' 망설이고 망설이다가 일주일에 한 번씩 10회를 하는 교육을 신청했다. 교육비는 20만원. 교육을 신청하고는 일주일에 한 번씩 서울로 갔다. 그러나 역시 아무 것도 모르는 내가 교육을 받고 유튜브에 도전하기에는 너무 어려웠다. 화면이 작은 핸드폰으로 영상을 편집하다보니 눈이 아프고 흐려지기 시작했다 교육기간이 어떻게 끝났는지도 모르게 홀라당 지나가

버렸다. 다만 유튜브는 분명히 해야 한다는 동기부여는 됐다.

　필요성을 느꼈으니 다시 배우고 앞으로 나아가야 할 때이다. 나는 책을 사서 보기 시작했다. 대도서관이 쓴 『유튜브의 신』이라는 책이었다. 유튜브에서 일어난 성공스토리를 소개하는 코너에서는 퀼트로 마을 전체를 돈 벌게 만든 계기가 됐다는 기적 같은 내용도 있었다. 유튜브 광고로 월 5천만 원의 수익이 생긴다는 글도 나를 유혹했다. 액수에 유혹이 된 것은 아니었다. 유튜브로 돈을 벌 수 있는데 그게 달러라는 것에 호기심이 작동했다.

　우리나라는 월남 전쟁 때 군인들이 달러를 많이 벌어들였다. 가정에 큰 도움이 되었고 나라에도 도움이 되었다. 독일에 간 간호사 선생님들도 광부들도 달러를 벌어왔다. 그들이 흘린 땀이 가정과 나라에 경제적으로 도움이 되었다. 다만 독일에 갔던 간호사 선생님 중에는 독일에 남아 결혼을 하고 경제적으로는 성공을 했지만 고국이 그립고 가족이 그리워 슬픔을 삼킨다는 소시이 가끔씩 방송과 신문에 나온다. 달러를 버는 것 까지는 좋은데 원치 않든 원했든 삶이 복잡해지고 심적으로 부담되는 일들이 일어났다.

　그런데 유튜브라는 것은 우리나라에서 우리 글을 쓰면서 잘되면 세계 각국의 나라글로 쓰여지며 달러도 벌 수 있다니! 이 사실을 알게 된 순간 난 유튜브를 꼭 해야 한다고 마음먹었다. 기필코 동영상 찍는 법과 편집하는 기술을 배워서 반드시 하고 말 것이라며 다짐에 다짐을 했다.

또한 '우리나라에서, 지금 사는 제주도에서 가족들과 헤어지지 않고 같이 살며 달러를 벌어들이는 일인데 해야 하는 게 아닌가?' 하는 생각과 함께 '이건 나라에서도 도와주어야 되는 일인 거 같은데 아닌가?'라는 의문도 생겼다. 너무 앞으로 나가는 생각일까? 그것까지는 아직 모르겠지만 아무튼 나는 유튜브를 배워서 꼭 해야 한다. 내 나이 60대, 나라가 주는 혜택을 받기만 하는 사람이 아니고 단 10달러의 돈이든 나아가 100달러의 돈이든 달러를 벌어들이고 싶다. 나도 애국하고 싶다.

이제껏 애국이라는 것에 무심하게 살았다. 아들 둘이 군대에 가면 애국이라고 생각했고 남편이 예비군훈련 받는 것도 애국이라고 생각했다. 공무원인 남편이 꼬박꼬박 숨길 수 없는 세금을 매번 내는 일도 애국이라고 생각했다. 그러나 정작 나는 애국이라고는 거리가 멀게 느껴지는 삶이었다. 쓰레기를 줄이거나 물을 아껴 쓰는 게 고작이었다.

혹 어떤 사람들은 애써 나라에서 주는 혜택을 받으려고 억지로 자기 돈을 숨기기도 하고 줄이기도 한다. 그럼 그 세금은 누가 보충하나. 우리 아이들이 해야 한다. 젊은이들이 해야 한다. 분수에 맞지 않는 혜택을 받으려는 욕심은 부리지 말아야 한다. 나이 들어 나라 돈만 축내며 사는 삶은 자존심이 상한다.

나 혼자서 애써서는 안 되는 일인지도 모른다. 그래도 나는 세금을 축내고 싶지 않고 더욱 배우고 시간을 아껴 쓰며 유튜브에 도전하고 싶다. 누가 보면 주제에 무슨 큰일이라도 한다며 비웃을 수도 있지만 혼자가 둘이 되고 셋이 되고 백이 될 수도 있다. 우리 같은 사람이 계속 늘어나면 달러 버는 일은 훨씬 가까워질 수도 있다. 괜히 가슴이 뛴다. 함께 배우면 서로 힘을 줄 수 있다. 분명히 가능한 일이다. 같이할 새 친구들을 만날 생각에 가슴이 뛴다.

블로그를 가르쳐 준 선생님께 유튜브로 배웠다. 선생님은 블로그도 유튜브도 콘텐츠가 중요하다고 하고 특히 썸네일이 중요하다고 가르친다. 요리로 성공하는 유튜브가 나오고 나이가 지긋한 분들도 유튜브로 성공했다는 이야기가 나오기 시작한다. 좋은 콘텐츠를 제작하는 데 노력을 기울이면 나도 유튜브를 할 수 있겠다 싶었다.

또한 유튜브에 들어가면 수도 없이 많은 유튜버들이 생겨나고 한편으로는 많은 유튜버들이 활동 정지 상태에 있기도 한다. 유튜브도 꾸준함이 관건이다. 나도 교육을 받을 때는 유튜브를 계속하다가도 교육이 끝나면 홀로서기가 어렵고 영상 편집이 힘들어서 자꾸 쉬기를 반복한다. 그러나 블로그처럼 유튜브도 1년, 2년은 해야 기록이 쌓이기 시작하며 효과를 볼 수 있겠다고 생각하며 지치지 않고 계속할 수 있는 방법을 찾아보았다. 그러나 아무리 찾아봐도 진실은 변함이 없다. 좋은 콘텐츠, 영상을 편집하는 기술 찍는 테크닉, 말을 하는 연습, 자연스럽게 얼굴을 내밀 수 있는 용기 등 많은 것들을 거쳐야 할 수 있다는 결론에까지 왔다.

그래서 나는 오늘도 다짐한다. '블로그 7년을 운영한 끈기라면 유튜브도 멈추지 않고 계속 할 수 있어!', '달러를 벌어들이는 애국자가 될 거야!', '나이 들어도 나라에 자식에게 부담되지 않게 살 수 있어!'

편집이나 영상 찍기는 하다 보면 분명 늘게 되어 있다. 교육은 계속 받으면서 같이 롱런할 수 있는 팀을 만나는 게 중요하다. 지금 계속 하고 있으니 분명 몇 년 후면 유튜브로 여행도 가고 경제적으로도 자유를 누릴 수 있을 거라고 확신한다. 단 제일 중요한 것은 건강이다. 건강을 해치지 않도록 주의를 기울이며, 나는 오늘도 유튜버로서의 걸음을 내딛는다.

<u>2</u>

노후연금은 유튜브로

60세에서 앞으로 살날을 계산해보니 경제를 설명하는 사람들이 말하길 10억 이상이 필요하다고 한다. 돈을 벌지 않고 쓰기만 한다면 그만큼은 있어야 된다고 계산된 금액이다. 내게 10억은 없지만 다행스럽게도 돈을 벌고 있으니 해결할 수 있다. 더군다나 꿀벌농사는 움직임이 허락하는 날까지 계속할 것이다. 나의 소중한 건강과 맞물려 있으니까.

담낭암 수술을 한 후에 인터넷을 뒤져보니 담낭암은 5년 생존율이 50%라고 한다. 연금을 계속 내면서 얼마를 받을 수 있고 지금 현금으로 받으면 얼마가 되는지 계산해보았다. 그 결과 지금 연금을 받아 무엇인가에 투자하거니 땅을 사놓으면 자식에게 도움이 되겠다는 결론을 내리고 많지 않은 연금을 일시금으로 받아버렸다. 그래서 나는 아쉽게도 연금이 없다. 보람 있게 쓰지도 못하고 흐지부지 없어져

버렸다.

그러나 어떻게 살다보니 5년이 흘러 완치판정도 받았다. 계속 살아지고 있다. 이렇게 살면 안 되겠다 싶었다. 죽는 것은 내 생각대로가 아니고 신의 영역이었다. 내가 죽음을 준비해도 신이 허락하지 않으면 오지 않는 것이었다. 이제는 100세 시대라고 한다. 병하고는 무관하게 나도 뒤늦게나마 100세 시대에 따라가기로 했다.

앞으로의 삶을 생각해보니 연금이 없으니 허전했다. 연금처럼 조금씩 매달 돈이 나오는 곳이 있으면 좋겠다. 누구에게 눈치 안보고 가고 싶은데 가고 여행도 다니고 친구들과 맛있는 것도 먹으면서 내가 기분 좋고 쓰고 싶다. 그러나 내 연금은 이미 사라졌다. 어떻게 하면 좋을까? 결론은 블로그에 글을 쓰고 유튜브를 하는 것이다. 내가 할 수 있는 방법으로 연금을 마련하면 된다. 누구는 망설이며 하고 싶어도 못하겠지만, 덤벼드는 것에 용감한 나는 바로 계획을 짜기 시작했다.

유튜브 운영계획

1. 1년은 돈을 생각하지 않는다.
2. 블로그처럼 진실만 전한다.

3. 배우는 데 투자한다.

4. 좋은 유튜브 팀과 합류한다.

5. 외모를 가꾸고, 단장하려고 노력하고, 돈도 투자한다.

6. 콘텐츠로는 내 삶과 제주도를 알리는 것으로 한다.

7. 꿀벌농사, 감귤농사는 같이 따라간다.

8. 유튜브로도 농산물을 판다.

여기까지가 계획이다. 배우면서 중요한 것들이 있으면 더하면 되겠지만 이것들만 해도 벅차는 일이다. 광고 수익으로 돈이 들어오게 하거나 아니면 광고할 제품들이 들어오기도 하겠지 하고 기대해보는 것만으로도 기분이 좋다. 억지로가 아니고 하고 싶어서 하는 일이니까 얼굴에 생기가 반짝거린다.

현재 내 유튜브 선생님은 비키남편(영어로)이라는 유튜버이다. 외국인 아내와 아이 셋을 낳고 제주도에서 살고 있다. 수업을 할 때는 나보다 더 나이 많은 분들도 유튜브 교육을 받고 있다고 힘을 실어준다. 영상 편집을 가르쳐주고 찍는 요령까지 배운다. 밤에 오기도 하고 내가 선생님 댁으로 가기도 한다. 한번은 벌꿀집을 드렸더니 한과, 오징어, 생선, 밤, 건강식품 등 다양한 선물들을 바리바리 들고 온다. 죄송하다. 내가 빨리 배워서 척척 잘해야 하는데 요즘은 글쓰기에 바빠서 뜸하고 있다. 원고마감이 끝나면 달려가기로 했다. 유튜브도 시간과의 싸움이기 때문에 힘든 과정이 있으리라는 점은 충분히 각오하고 있다.

유튜브를 배우며 계속 나 자신에게 주입시키는 말이 있다. 난 달러를 벌 수 있다. 대한민국 제주도 시골 과수원에서 벌 수 있다. 한라산 깊은 숲속에서도 건강을 지키며 할 수 있다. 대단한 일을 하기 시작했다. 분명 어려운 일이 있어도 외국에 식구들과 떨어져서 말도 모르는 곳에서 달러를 버는 일보다는 식은 죽 먹기다. 남편의 도움을 받을 수 있고 아들의 도움도 받을 수 있다. 아프면 말이 통하는 병원에서 의료보험이 적용되는 치료를 받을 수 있다. 모르는 것이 있으면 말이 통하는 선생님께 배우고 팀을 이루어 서로 다독이며 살 수 있다.

이러한 말들을 되뇌다보면 이처럼 큰 혜택을 누리며 발전할 수 있다는 게 용기를 준다. 힘들다고만 하면 앞으로 나갈 수가 없다. 지금 내게 힘을 주는 것이 무엇인지 살펴보고 여기에 집중해보자. 꾸준히 앞으로 걸어가는 용기를 얻을 수 있을 것이며 곧 성공의 길로 나아가게 될 것이다.

3

꿀 파는 유튜브

감귤을 팔기 위해 블로그를 시작했다. 유튜브를 배우면서는 꿀도 팔기 시작한다. 유튜브 선생님은 단지 영상편집만 가르치지 않았다. 우리가 꿀벌들을 돌보는 영상을 찍으러 양봉장으로 같이 다녔다. 벌 꿀집 꿀이 먹고 싶었는데 이런 벌통 속에서 나온다는 것을 신기해했다. 일하는 모습을 보고 고생한다고 하신다. 우리는 괜찮은데 남들이 보기에는 벌들이 윙윙대는 속에서 벌에 쏘일까봐 무섭기도 하고 일하는 게 안쓰럽기도 한 모양이다.

꿀벌들에게 얼굴을 쏘이지 않기 위해 보호망을 쓰고 한여름에도 고무장갑을 끼고 일을 한다. 손이 땀에 젖어 습진이 생길까봐 속에 얇은 면장갑도 낀다. 나는 보호망을 두 개씩이나 쓴다. 그래야 안심이 된다. 밖으로 나가는 일이 많아서 몸에 벌을 쏘이는 건 옷으로 감출 수 있지만 얼굴에 쏘이면 금방 부어오르고 남들이 보면 창피할까봐 두 개씩 쓴다고 말했다. 오후에 손님과 만나기로 약속했는데 오전에 벌에 쏘이면 정말 당황스럽기도 한다 .냉찜질을 급하게 하고 눈 주위에 쏘이면 선글라스를 쓰고 나간다.

이런저런 이야기를 하다 보니 유튜브 선생님은 이렇게 고생하는데 유튜브로 꿀을 팔 수 있게 도와준다고 하신다. 좋은 제안이었지만 이제 영상을 30개도 올리지 않은 나는 일 년쯤 더 영상을 올린 다음에 판매할 수 있으면 좋겠다고 말했다. 그럼에도 선생님은 할 수 있다고 하신다. 용기를 얻어 유튜브 썸네일 아래에 블로그 주소와 네이버 스마트스토어 주소를 링크로 걸었다. 영상을 올릴 때도 키워드를 쓰고 앞에 처음 보이는 글에도 판매하는 내용을 적으라고 알려주었다.

인터넷이란 참 신기하다. 얼마 되지도 않았는데 댓글이 달리고 꿀에 대한 문의를 해온다. 꿀벌들을 어떻게 키우는지도 문의해온다. 육지에서 귀농했는데 꿀벌농사를 짓고 싶어도 어디에서 교육을 하는지 모르겠다며 가르쳐 달라는 분도 있었고 벌을 팔아달라는 문의도 온다. 참 신기하다. 꿀벌 키우는 영상은 겨우 10개 정도 올렸을 뿐인데 어디에서 찾아오시는지 궁금했다.

선생님은 썸네일이 중요하다고 강조하신다. 다들 썸네일을 어떻게 잘 만들까 심사숙소하고 시간도 충분히 투자한단다. 그러나 나는 내용보다 썸네일이 더 혹하면 들어와서 보고 실망하기 때문에 안 된다고 했다. 선생님은 그래도 일단 내 유튜브 안으로 들어오게 하는 것이 중요하다고 설명했다. 들어와야 내용이 좋은지 아닌지 알수있단다. 맞는 말이다. 하나 더 배웠다.

유튜브에는 전화번호도 적어놓았다. 전화로 꿀주문이 들어오고 같은 제주도에 산다며 집까지 오는 분도 계셨다.

신기하게도 5,60대는 블로그보다 유튜브를 더 많이 보는 것 같다. 블로그는 찾아야만 볼 수 있는데 유튜브는 궁금한 것의 키워드만 치면 결과가 쭈욱 나온다. 심지어 보고 싶은 것을 치지 않아도 유튜브를 들어가기만 하면 자주 보는 키워드의 영상이 나온다. 정치뉴스를 몇 번 보면 정치뉴스가 앞에 줄줄이 나오고 요리영상을 몇 번 보면 요리영상이 줄줄이 나온다. 오죽하면 내 생각까지 구글(유튜브를 운영하는 회사)에서 조종하는 것 같은 느낌이 들 때도 많다. 빅데이터가 마케팅에 활용되면서 나의 모든 과거들이 모여서 앞으로 어떤 물건을 살 것인가를 알아차리고 내 앞에다 '이런 것들을 찾고 있지?' 하며 보여주기 때문이다.

그래서 나는 블로그처럼 유튜브도 꼭 해야한다. 힘든 노동을 통해서 내보여지는 진정한 삶은 물론 자연과 함께해야 살 수 있다는 것을 전하고 싶다. 자연과 함께 먹거리를 만들어내고 먹거리로 인해 가정경제가 부유해지는 과정을 그려내고 싶다. 삭막한 도시에서 한라산 숲속을 보며 불어오는 시원한 숲바람이 유튜브를 통해 전달되기를 바란다. 나보다 더 힘든 사람들에게 희망을 전하고 싶다. '나도 이만큼 힘들어도 씩씩하게 살아내고 있어, 너도 이겨낼 수 있어'라는 메시지를 전하고 싶다.

단지 꿀을 판매 하기 위해 유튜브를 한다면 난 싫다. 블로그도 판매가 전부인양 글을 썼다면 얼마 되지 않아 그만두었을 것이다. 유튜브도 마찬가지이다. 유튜브를 통해서 나도 예술이라는 것에 도전해 보고 싶어진다. 그 과정을 통해서 꿀도 판매할 수 있다면 얼마나 좋을까 하는 생각에 벌써 가슴이 두근거린다. 꿀판매는 벌써 이루어지고 있으니 다른 바람들도 자연스럽게 따라오게 될 것이다.

언제나 가슴이 두근거리는 삶을 살고 싶다. 나이가 무슨 상관이겠나. 아직도 어떤 영상을 찍을까 고민하며 잠자리에 드는데 말이다.

"그래서 나는 블로그처럼 유튜브도 꼭 해야한다. 힘든 노동을 통해서 내보여지는
진정한 삶은 물론 자연과 함께해야 살 수 있다는 것을 전하고 싶다."

4

젊어지는 비결,
유튜브에 얼굴을 내밀다

65세.

꿀벌농사, 감귤농사로 얼굴이 거무스레 변해간다. 남들은 마스크도 쓰고 선크림도 바른다. 그러나 마스크를 쓰면 일할 때 숨이 차오른다. 시야도 좁아진다. 선크림은 피부에 페인트칠한 것처럼 답답해서 못 바른다. 그러다보니 피부가 햇볕에 그을려 외출을 할 때면 화장하느라 애쓴다. 화장을 안 하면 도저히 못 나가겠다.

지난 1월부터 유튜브를 시작했다. 고민이 많았다. 얼굴이 받쳐주지 않으니 손만 나오는 것을 찍을까? 손을 나오게 찍으니 손등에 검은 점들이 유난히 도드라지게 나온다. 다 포기하고 자막만 영상에 입혔다. 자막 올리는 것도 오래 걸렸다.

다시 제자리로 돌아왔다. 하나씩 내보이자. '코로나로 다시 뜨는 제주, 제주도 귀농귀촌 성공 이야기'를 인터뷰하는 영상을 찍었다. 일단 목소리부터 오픈시켰다. 다음엔 얼굴을 노출하려고 한다.

미용실 가서 머리도 다듬고 얼굴에 오이도 붙여본다. 피부를 태운 후 손질보다 햇빛을 미리 방지하는 게 좋겠다. 마스크를 쓰고 썬크림을 바르려고 애쓴다. 목주름에도 신경 쓴다. 인터뷰할 때 자주하는 쓸데없는 말은 없는지 영상을 여러 번 돌려본다. 웃음소리가 너무 크다, '음', '그러니깐' 등 쓸데없는 단어들이 자주 나왔다. 고쳐야 한다.

블로그에서는 내 얼굴이 자주 안 나오고 나와도 멀리서 찍은 사진만 있다. 사람들은 나이가 든 줄 몰랐다고 한다. 감추고 있었다. 이젠 다 내보이려고 한다. 피부 관리도 하고, 머리도 잘 다듬어야 한다. 비염이 조금 있어서 코맹맹이 소리도 들린다. 비염 치료도 해야겠다. 목소리도 편안하게 나오려면 목도 보호해야겠다.

이처럼 유튜브를 시작하면 달라지는 것들이 많다.

1. 얼굴 피부 보호하기.
2. 목소리 편안하게 내기 위해 목 보호하기.
3. 장갑 끼고 운전하기(이러다 손등피부시술도 할지도 모르겠다).

4. 눈꼬리와 눈 밑에 주름 없애는 시술하기(돈을 모으고 있다).

5. 다이어트는 기본(4~5kg 감량이 우선 목표이다).

6. 하루 만 보 걷기(다이어트에도 좋고 생각을 정리하는 데 따로 시간 내지 않아도 된다).

이 6가지만 해도 유튜브로 인해 건강하고, 예뻐지고, 멋있게 나이 들어 갈 것이 분명하다.

영상을 찍으려고 사람들과 사귀고 멋있는 경치를 찾아 찾아다닌다. 나중에 구독자가 많아지면 광고 수입도 들어오고 꿀도 더 많이 팔 수 있다. 올해 나이 65세지만 설렘으로 가슴이 뛴다. 계속 배우려고 여기저기 돌아다니는 허니제주를 신이 도와줄 것이 분명하다. 유튜브를 하지 않을 이유는 하나도 없다. 허니제주랑 유튜브 같이하며 설레는 날들을 살아가자.

5

앞으로의
유튜브를 고민하다

무엇인가를 직업으로 삼기 위해선 끈기가 필요하다. 유튜브를 배울 때 만난 선생님 왈, 자신이 처음 유튜브를 배울 때 자막 넣은 영상을 무조건 50개 올리라고 해서 무조건 50개를 올렸단다. 음악 넣은 영상 50개를 올리라고 해서 무조건 올렸단다. 그렇게 100개를 올리고 선생님을 만났더니 놀라워하며 하다가 지쳐서 그만둘 줄 알았다는 말을 들었다고 한다.

선생님이 영상 100개를 올릴 때까지 그 영상을 보는 사람은 200여 명뿐이었다. 그때부터 본격적인 유튜브 수업에 들어갔다. 이미 영상편집은 100개를 올리면서 익숙해졌다. 음성을 문자로 바꾸는 작업과 그것을 외국어로 바꾸는 작업을 했다. 기본이 갖춰진 상태에서 마케팅을 입혔고 그 결과 지금은 월 3,000만 원에서 4,000만 원까지 벌어들인다고 한다. 첫 일 년은 단 일 원도 수입이 없었지만 일 년 후부터 광고수익과 광고영상을 찍어서 돈을 벌게 된 것이다.

사실 유튜브에 동영상을 올리는 과정은 하나도 어렵지 않다. 처음에는 동영상을 길게 촬영하고, 글자를 넣고 음악을 넣어 올리는 작업을 했다. 이 작업조차 힘들었지만 여기서 힘들다고 그만두면 안 되는 거다. 반복하기를 계속한다. 작심삼일을 열 번만 해보자. 3번씩 열 번이면 30개는 올라가겠지. 누구는 작심삼일을 싫어하지만 난 작심삼일을 아주 좋아한다. 백 번만 하면 고수가 되어있을 테니까.

어쩌다 과거에 이름을 날렸던 PD와 사귀게 되었는데 그분이 제주로 아예 살림을 옮겼다. 그것도 우리 집과 10분 거리인 곳에 사무실을 차렸다. 집으로 초대해서 삼겹살로 시작해서 결국엔 막걸리 한 컵을 마시기까지 긴밤을 새웠다. 이러면 안 되는데 하지만 이미 알코올은 내 몸속으로 들어가 휘젓고 다닌다.

영상이야기, 제주 다큐 이야기, 유튜브 이야기까지 하다보니 내일은 서귀포오일장이라는 데까지 이야기가 이어진다. PD가 말한다. '같이 가서 촬영하고 유튜브에 올리자.' 후배는 '선배님 어떻게 서귀포 오일장을 하루 만에 찍어 하루 만에 유튜브에 올리냐'라고 반문한다. 나는 '왜, 안 돼?'라며 되물었다.

오일장에서 보따리에 바리바리 싸놓은 할머니가 버스를 기다리는 장면을 찍어 보셨나요?
할머니 말씀을 들어보셨나요?
무엇을 사셨는지
누구와 먹을 것인지
손자인지 아들인지
아니면 혼자인지,
몸은 아프지 않은지,
버스 탈 때는 잘 타실 수 있는지.
딱딱한 먹거리를 사셨으면 치아는 튼튼한지?

여기까지만 여쭈어봐도 영상 한편이 나온다. 이 무지함을 어찌하면 좋을까. 난 한두 시간 안에 영상 찍고 어디에 무엇이 있는지 보고, 그 중에서 내가 좋아하는 것 몇 개 찍고, 편집도 한두 시간 안에 후딱 해치우려고 했는데…. 깨달음을 얻은 내가 제안한다. "선배님 우리 조금 늦더라도 작품을 만든다고 생각하면서 해볼까요?" 막걸리 힘일까? '좋아! 나도 할 수 있어, 내 삶에다 철학이 담긴 영상을 만들어 보겠어!'라고 큰소리를 팡팡 쳤다. 그러면 대표 영상 하나로 다른 영상은 어떻게 찍을 수 있는지 넌지시 물어본다.

PD는 답한다. "공짜로 가르쳐 달라고요? 삼겹살을 한 달은 먹어야 나오지요." 그 말에 웃었다. 알았어, 일주일에 한번 우리집 데크에서 별들이 쏟아질 때까지 먹자고 이야기한다.

이 나이에 돈만 보고 달리지는 않으려고 한다. 3분짜리든 10분짜리든 잔잔한 감동을 주는 삶을 전하고 싶다. 그러다 정 보는 사람이 없으면 감귤 따면서 테스형을 멋들어지게 부를 것이다. 귀농을 꿈꾸는 PD와 얼마나 긴 시간을 같이 보내게 될지 상상만으로도 즐겁다. 서둘러 유튜브로 무엇을 이루어야지 하는 마음은 사라졌다. 조급해하지 말고 내가 하고 싶은 이야기를 우직하고 즐겁게 해 나갈 것이다.

이제 나는 고민한다. 철학이 담긴 영상이냐, 돈을 버는 영상이냐 이것이 문제로다. 햄릿의 독백이 생각난다. 다수의 사람들은 후자를 택하고 예술을 하는 사람들은 전자를 택한다. 직업이 있으면서 유튜브를 함께하는 사람들은 반반씩 가는 게 좋겠지만 경제가 허락하지 않으면 우선 광고수입과 광고영상을 찍을 수 있는 콘텐츠로 가는 게 맞다는 결론에 다다랐다. 난 치킨을 시켜도 프라이드 반 양념 반을 택한다. 유튜브도 치킨처럼 반반씩으로 간다. 정하니 후련하다.

에필로그

세월이 깊어 갑니다. 묵은해를 보내고 새해를 맞이하며 60대 농부가 디지털 노마드로 살아가는 11가지 과정을 돌아보며 책을 마무리하려 합니다. 계속해야 할 일이 있으면 꾸준히 실천하고, 정리해야 할 일이 있으면 적절하게 처리하며 응집의 시간을 가져보려 합니다.

1. 나는 누구인가?

아직도 남편과 아이들과 아웅다웅 살아갑니다. 오랫동안 같이 살면 그만 서로 놓아줄 만도 한데, 여전히 서로 고무줄놀이하듯 살고 있습니다. 감귤농사와 하우스 농사를 같이하다가 남편이 퇴직하면서 제2의 직업으로 꿀벌 농사꾼이 되었습니다. 글이 쓰고 싶어, 산이 좋아, 건강을 생각해서 꿀벌 농사를 택했습니다. 이제는 남자가 하는 내검도 척척 해냅니다. 처음에는 조금 힘들었지만 금방 익숙해졌습니다. 남자만 힘든 일 하라는 법은 없습니다. 나이가 들어가니 서로 도와주어야 현명하게 살 수 있습니다.

또한 저는 만능 일꾼입니다. 무슨 일이든 손이 필요한 곳에 달려가서 도와줍니다. 일인삼역을 하는 허니제주입니다. 글이나 쓰고 웃기만 하는 저를 보다가 일하는 것을 보면 깜짝 놀라곤 합니다. 저는 일을 게으르게 하는 사람들을 보면 미워지기 시작한답니다.

이제는 사진도 잘 찍습니다. 처음에는 어색하더니 이제는 밉게 보이거나 말거나 배짱으로 살아갑니다. 어차피 숨을 수는 없으니 다 드러내놓고 하하하 웃으며 살아갑니다. 아주 편해졌습니다.

2. 꿀벌 농사꾼입니다.

봄이면 동쪽 가시리에서 작은 오름을 거쳐 꿀벌들을 옮기고, 5월이면 감귤꽃꿀을 채취하려 감귤밭으로 옵니다. 감귤꽃꿀이 끝나면 한라산 자락에 때죽나무꿀을 따러 이동합니다. 종처럼 생긴 하얀 꽃들이 땅에 떨어질 때면 하늘이 내려준 꽃길을 20일은 족히 걷고 다닙니다. 이때가 꿀벌농사를 지으며 제일 행복할 때입니다. 부러울 게 없습니다. 공기는 세상에서 제일 맑고 숲에서 뿜어져 나오는 온갖 좋은 향들이 세상의 때를 말끔히 씻어줍니다. 꿀이라도 많이 따는 날에는 정말 돈도 많이 벌었다는 기분에 괜히 맛있는 거 먹으려고 '고급진' 식당에도 가끔 다닙니다.

남편도 처음에는 사무실만 출근하다 꿀벌 농사를 지으려니 지치고 서툴러서 남들한테 놀림도 많이 받았답니다. 이제는 오히려 꿀벌 선생님이 되었습니다. 처음 시작하는 분들에게 가르쳐주기도 하고 일손이 부족한 어르신께는 공짜로 일도 해드린답니다. 이럴 때면 스스로가 자랑스럽습니다. 어른들이 행복하게 잘 살아야 아이들도 '아~ 우리도 나이 들면 행복하게 잘 살 수 있겠구나' 하며 열심히 살 수 있답니다.

꿀벌 농사를 오래 하다 보니 이제는 대농이 되었습니다. 하지만 너무 많이는 하지 않으려고 합니다. 일에 지치면 건강을 해칠 수도 있으니까요. 우리가 팔수 있을 만큼만 일하기로 서로 합의 봤습니다. 그래야 오래도록 롱런할 수 있습니다.

3. 감귤농사를 30년 지었습니다.

감귤농사는 오랫동안 지었습니다. 편하게 농사를 지을 수 있는 게 감귤농사입니다. 그러나 둘이서 딸 수 있을 만큼만 하려고 합니다. 힘에 부치는 일은 줄여가고 있답니다. 이제야 철이 들었나 봅니다. 그리도 욕심을 부리더니 나이가 든다고 엄살을 부리며 일을 점점 줄여가고 있는 중입니다.

4. 글이 쓰고 싶어서 그리고 블로그로 농산물을 팔기 위해 밤을 새운 날이 쌓였습니다.

어릴 때는 시인이 되고 싶었고 어른이 돼서는 책 한 권이 쓰고 싶었습니다. 밤마다 블로그에 글을 쓰고 시인님들 따라 서울로 다녔습니다. 시간을 헤아려보지는 않았지만 많은 시간을 책과 글에 밤을 지새우지 않았나 싶습니다. 서귀포농업기술센터에 소속된 정보화농업인연합회에 가입해서 블로그를 배우기 시작했습니다. 컴퓨터라고는 만져보지도 않았던 제가 사진을 올리고 글을 쓰고 이웃들을 만나는 것은 처음엔 신이 났지만 노동이라고 생각한 적도 있었습니다. 일 년이 지나자 택배 주문이 들어오면서 블로그를 계속하고 페이스북까지 하게 되었답니다. 엄청난 변화입니다.

5. 시조 시인에 등단했습니다.

2019년 서툰 글로 시조 시인에 당선이 되었습니다. 부풀었던 당선도 잠시뿐 여전히 시는 어렵고 계속 공부해야 글도 다듬을 수 있다는 걸 알았습니다. 지금은 서두르지 않고 산에서 들에서 시를 끄적이고 있습니다. 그러다 누구한테 내밀기가 부끄러우면 뒤로 버리고 다시 또 쓰기 시작합니다. 긴 여정이 될 것 같습니다. 죽을 때까지 손에서 놓고 싶지 않는 나만의 질그릇 같은 단지입니다.

이 또한 결과가 아니고 과정을 즐기며 누구에게도 짐이 되지 않게 살고 싶은 마음으로 살아갑니다. 신과, 자연과 책이 허니제주의 아픈 마음을 달래줍니다. 살다 보면 남모르게 어깨를 들썩이는 일도 있기 마련이지요.

6. 강의를 해보라고요? 또 강의를 해보라고요?

허니제주는 강의하고는 거리가 먼 사람입니다. 누구에게 말해줄 것도 없는 사람입니다. 그런데 블로그, 인스타, 페이스북, 유튜브, 카카오 채널을 오래 하면서 매출을 올리기 시작하고 블로그원고작가 자격증을 취득하니 여기저기서 강의를 해보라고 합니다. 처음에는 못한다고 했습니다. 송충이는 솔잎을 먹고 살아야 편한 법. 농사꾼이 블로그 조금 했다고 강의라니 말도 안 된다고 했습니다. 그런데도 블로그에 글을 쓰다 보니 젊은 사람들이 허니제주를 아버지나 어머니께 소개해 준다고 하네요. 부모님도 블로그를 배울 수 있게 도와드려서 경제활동도 하고 취미활동도 이어나가게 해드리고 싶다고 합니다. 좋은 현상입니다. 부추기면 혹한다고 '그럼 해볼까?' 하는 생각이 많아집니다. 해볼까요? 될까요?

7. 허니제주의 sns를 소개합니다.

블로그, 밴드, 인스타, 페이스북 카카오 채널, 유튜브. 허니제주가 운영하는 블로그와 sns 들입니다. 기술센터에서 배우라고 하는 것마다 익혀나가다 보니 많아졌습니다. 하라는 대로 하다 보니 잘 되는 것도 있고 정체되어 있는 것도 있습니다만, 조바심내지 않습니다. 조금만 신경 쓰면 시너지효과를 내줄 것이 분명하니까요. 어느 쪽으로 들어오든 인터넷 안에 있는 채널들은 거미줄처럼 엉겨서 나타내게 돼 있습니다. 한번 살펴볼까요?

김인순의 허니제주 블로그: 허니제주의 활동은 주로 블로그를 통해서 이루어집니다. 친구들을 사귀고 누구든 궁금한 키워드를 치면 찾아오게 됩니다. 제일 신경을 쓰며 시간도 많이 투자하는 채널입니다.

네이버밴드 '허니제주vip할인매장': 가격을 할인해서 이웃들에게 혜택을 드리기 위해 만든 채널입니다. 온라인 마켓에 내는 수수료만큼 할인해드리고자 만든 밴드입니다.

허니제주 인스타: 소식을 전하는 곳이며, 블로그와 스마트스토어랑 연결했습니다. 도움이 되고 있습니다. 더 배워야 할 부분들이 있지만 서두르지 않습니다. 천천히 보충하면 됩니다. 안 하는 것보다 도움이 되고 있기 때문입니다.

허니제주 페이스북: 친구가 4,900명이 됩니다. 블로그에 글을 공유하면 블로그로 들어옵니다. 블로그 유입 통로로 사용하고 가끔씩 농산물을 올리고 팔기도 합니다. 페이스북은 짧은 글을 올리고 친구들과 소통하며 다른 사람들은 어떻게 사는지 볼 수 있는 채널입니다. 허니제주 카카오채널: 앞으로 신경을 써야 할 채널입니다. 차차 시간을 투자하려고 하고 있습니다. 책도 내면 홍보하는 등 할 일이 많은 채널입니다.

김인순의 허니제주 유튜브: 키워나갈 매력이 있는 채널입니다. 힘들지만 재미있습니다. 저도 유튜브로 많은 정보를 만나고 음악도 듣고 있습니다. 뉴스도 유튜브에서 시청합니다. 공정한 뉴스를 보고, 보고 싶은 것만 골라서 볼 수 있는 좋은 점이 있습니다. 블로그처럼 똑같이 정성을 들이려고 하는 채널입니다.

저는 이제 모든 채널을 준비하고 운영하고 있으니 활동만 하면 됩니다. 모든 준비는 다 했습니다. 지금까지 고생하며 공들여 왔으니 지금부터는 좀 수월하게 운영할 수 있을 것 같습니다.

8. 언택트 시대에 발맞춰 나아갑니다.

전에는 감귤을 싣고 비행기 타고 육지로 감귤 홍보하러 다녔습니다. 지금은 이런 행사가 아주 적습니다. 언택트 시대입니다. 마케팅도 달라지고 사람들은 건강을 위해 집에서 구매하기를 원하고 있습니다. 클라우드에 길이 있다고 다들 말하고 있습니다.

또 달라진 점이 있습니다. 미국 월마트가 어려움을 털고 마케팅에 성공했다는 뉴스가 신문에 보도되고 있습니다. 인터넷으로 주문하고 퇴근하면서 차량으로 받아오면 할인해 주는 이벤트에 대한 마케팅입니다. 집에서 택배가 언제 올지 신경 안 써도 되고 택배기사님이 코로나에 걸렸을까 걱정 안 해도 됩니다. 아주 좋은 방법이라고 생각합니다. 우리나라에서도 택배기사들이 위험할 정도의 물량이 쏟아져 문제라는데 곧 조금씩 바뀔 것 같은 느낌입니다.

9. 하우스 농사를 짓습니다.

남편이 퇴직하기 5년 전의 일입니다. 미리 준비한다고 하우스 농사를 지었습니다. 고생도 많이 하고 돈도 손에 들어왔지만 많이 써버리고 자본도 많이 들어 이익은 별로였습니다. 많은 돈이 오고 갔지만 몸만 상하는 기간이었습니다. 하우스 농사는 아침저녁으로 농장에 가야 됩니다. 또 여름에는 아주 높은 온도에서 일해야 하고 상상을 초월하는 인건비가 들어갑니다. 애써 달린 한라봉이 깨져버리기도 합니다. 더위 때문에 몸은 점점 지쳐갑니다. 더군다나 하우스 안에 차는 농약 때문에 몸이 안 좋아지면서 큰 병을 얻게 되었습니다. 담낭암에 걸려 8시간 동안 수술하게 되었습니다. 아까웠지만 접었습니다.

그래서 택한 게 꿀벌농사입니다. 산으로 가야 살 것 같았으니까요. 꿀벌농사는 정말 허니제주를 살게 했습니다. 다큐도 찍고, KBS '6시 내고향'에도 나오고 방송 복은 타고났나 봅니다. 우리 둘은 꿀벌들을 돌보며 더 서로를 챙겨주게 되었습니다. 건강이 최고라는 것도 느꼈고 힘든 일을 서로 하려고 하는 마음이 생기기 시작했습니다. 서로가 중요한 사람이라는 것을 알았으니까요.

산에서의 힘든 일도 척척 잘합니다. 하우스 안에서, 농약 속에서 일할 때와는 차원이 다른 환경에서 일하니까 지친 것도 금방 풀립니다. 몸이 빨리 회복됩니다.

11. 젊은이들과의 협력

블로그와 인스타를 하면서 젊은이들과 사귀게 되었습니다. 블로그를 보고 왔다고 말하면서 제주까지 찾아와 제 이야기를 들려 달라고 합니다. 저는 시간을 기꺼이 내어줍니다.

요즘엔 줌으로 많은 강의를 듣고 팀에 합류하며 정보를 듣기도 합니다. 혼자는 힘이 듭니다. 더구나 인터넷은 하루가 다르게 발전하기 때문에 서로 정보를 교환하며 공부를 늘 해야 합니다. 모든 일이 기본까지 갈 때까지가 힘들지 어느 정도 틀이 잡히면 수월하게 운영을 할 수 있습니다.

그러므로 서로 도우며 같이 성장하려고 합니다. 늘 이웃에게 어떤 도움을 줄까 생각합니다. 그래야 저도 도움을 받을 수 있으니까요.

벌써 밤이 깊었습니다.

사랑합니다.

행복하세요.

김인순의 허니제주

언택트 시대,
60대 제주 농부가
살아남는 법

초판인쇄 2021년 2월 19일
초판발행 2021년 2월 19일

지은이 김인순
펴낸이 채종준
펴낸곳 한국학술정보㈜
주소 경기도 파주시 회동길 230(문발동)
전화 031) 908-3181(대표)
팩스 031) 908-3189
홈페이지 http://ebook.kstudy.com
전자우편 출판사업부 publish@kstudy.com
등록 제일산-115호(2000. 6. 19)

ISBN 979-11-6603-332-2 03320